Albert PHILIPPIN

DOCTEUR EN DROIT DE L'UNIVERSITÉ DE LIÉGE
DOCTEUR ÈS SCIENCES JURIDIQUES DE LA FACULTÉ DE DROIT DE PARIS

LE

PACTE DE CONSTITUT

Actio de pecunia constituta

PARIS

LIBRAIRIE DE JURISPRUDENCE ANCIENNE ET MODERNE

EDOUARD DUCHEMIN

L. CHAUNY et L. QUINSAC, Successeurs

18, Rue Soufflot (Vᵉ)

1929

LE
PACTE DE CONSTITUT

—

Actio de pecunia constituta

Albert PHILIPPIN

DOCTEUR EN DROIT DE L'UNIVERSITÉ DE LIÉGE
DOCTEUR ÈS SCIENCES JURIDIQUES DE LA FACULTÉ DE DROIT DE PARIS

LE

PACTE DE CONSTITUT

Actio de pecunia constituta

PARIS

LIBRAIRIE DE JURISPRUDENCE ANCIENNE ET MODERNE

EDOUARD DUCHEMIN

L. CHAUNY et L. QUINSAC, Successeurs

18, Rue Soufflot (V^e)

1929

A LA MÉMOIRE VÉNÉRÉE
DE MON PÈRE

A MES MAITRES ÉMINENTS
DE DROIT ROMAIN

LE
PACTE DE CONSTITUT

—

Actio de pecunia constituta

INTRODUCTION

Parmi les conventions sanctionnées par l'édit du Préteur et que les auteurs modernes qualifient de pactes prétoriens, figure le pacte de constitut.

C'est « une convention par laquelle un débiteur ou « un tiers s'engage à payer à jour fixe une dette pré- « existante (1) ».

Le Préteur a muni cette convention d'une action appelée « *actio de pecunia constituta* », dont les traits caractéristiques sont :

1° une *sponsio dimidiae partis*, promesse bilatérale échangée devant le magistrat, de payer la moitié en sus de la somme réclamée, au cas de perte du procès.

2° la procédure du serment nécessaire *in jure*, destiné à enrayer la contestation judiciaire.

La présente étude essayera de dégager la physionomie du constitut, substituant à la définition habituelle une définition plus complète et plus précise. Elle tendra à situer le constitut dans l'ensemble des institutions

---

1. Définition usuelle, donnée par M. Cuq, *Manuel des institutions juridiques des Romains*, 2e éd., p. 511.

juridiques romaines. Le constitut, en effet, a survécu en théorie à la codification de Justinien. Il fut l'objet de l'attention des Glossateurs, puis des Romanistes. On en déduisit la théorie des « *pactes géminés* ». Un pacte engendrant une obligation naturelle, le constitut qui s'y applique le rend obligatoire, la réitération du pacte étant une garantie contre les surprises d'une volonté exprimée sans formes.

Le constitut servit ainsi la cause de la consensualité dans le droit coutumier. Il fut l'élément romain qui venait appuyer le principe du « *nudus consensus* » prôné par les canonistes et pratiqué en Italie, au nom de l'équité, dans les relations commerciales dès le XIVe siècle

Puis, se survivant à lui-même, il est mentionné encore par Pothier (1), en plein régime consensualiste. Hommage au rôle joué dans la formation du droit français ? Peut-être erreur d'interprétation, le constitut ayant toujours été considéré comme générateur d'obligations.

Le constitut fut donc une institution à influence profonde et durable. A ce titre il convient de l'étudier en droit romain avec une sollicitude particulière.

1. POTHIER, *Traité des Obligations*, t. I, *in fine*, appendice, éd. 1770. Dans la première édition, Pothier ne faisait aucune place au constitut. Ici, au contraire, il fait observer qu'il faut appeler pactes de constitut les conventions par lesquelles on promet au créancier ce qui lui est dû et l'exemple cité est celui d'un titre nouvel d'une dette reconnue par les héritiers du débiteur.

CHAPITRE PREMIER

RECHERCHES PHILOLOGIQUES
ET DÉFINITION

1. Sens du verbe *constituere*. — **2.** Les diverses constructions du verbe *constituere*. — **3.** Définition du constitut.

1. Pour aborder, sans préjugés, l'étude du pacte de constitut, il convient de s'assurer du sens du verbe *constituere* et de son dérivé *constitutum*.

La plupart des auteurs (1) décomposent *constituere* en *cum* et *statuere* et déclarent que l'adjonction du préfixe *cum* dans le verbe *constituere*, désignant le pacte de constitut, indique nécessairement une détermination bilatérale résultant d'un accord entre le créancier et le débiteur.

Remarquons que le préfixe *cum* sert aussi bien à marquer la dualité ou la pluralité des auteurs de l'action qu'à renforcer le sens du verbe. C'est ce deuxième sens, celui d'une décision bien certaine et ferme qu'exprime le verbe *constituere*.

Pour nous en convaincre il suffit de nous arrêter aux considérations suivantes :

1º Le verbe *constituere* s'emploie d'une façon absolue, intransitive et désigne alors nécessairement

---

1. Cf. entre autres : Contat, *Du pacte de constitut*, thèse Paris, 1890, page 3 et *Accarias*, t. 2, p. 776.

une action émanant du seul sujet du verbe (1).

2° Lorsque le verbe *constituere* doit traduire une décision arrêtée de commun accord il est déterminé par la locution *cum aliquo*, ou d'autres compléments semblables, tels *communiter* ou *inter nos...* (2).

3° D'autre part le verbe *constituere* est souvent accompagné d'un complément de personne au datif, servant à faire connaître le bénéficiaire du constitut (3).

4° Le contexte implique parfois, à propos du verbe *constituere* qu'il s'agit d'un accord de deux ou plusieurs personnes (4).

1. CAES., *De bello gallico*, VII, 1 : *Caesar ut constituerat, in Italiam... proficiscitur* ; CAES., *ibidem*, I, 49 : *Caesar ut constituerat, duas acies hostem propulsare... iussit.* ; CAES., *ibidem*, IV, 11 ; TACITE, *Germ.*, 11 ; CIC., *ad Att.*, XIII, 20 ; JUVENAL, III, 12 et VI, 487 ; SALLUSTE, *Jug.*, 66.

2. CONSTITUERE CUM., cf. les textes rapportés par BRUNS, *Kleinere Schriften*, p. 225.

TERENT., *Hecyr.*, I, 2, 119 : *pergam iter* ; — *nam constitui cum quodam hospite me esse illum conventuram.*

CIC., *In Verrem*, II, 2,27 : *constitui cum hominibus, quo die mihi Messanae praesto essent.*

SUÉTON, *Calil.*, 8 : *puerum* — *XV.K. Jun.* — *ut ducerent T. et A. heri cum iis constitui.*

CAES, *De bello gallico,* I, 8 : *ubi ea dies quam constituerat cum legatis, venit.*

En outre : CIC., *Pro Cael.*, 25 : *constitutum factum esse cum aliquo.* — CAES., *De bell. Hisp.* 19 *se cum familia constitutum habuisse ut una transfugerent* ; CIC., *Ad fam.*, VII, 4 : *si quod constitutum cum podagra habes, fac ut in alium diem differas.*

COMMUNITER CONSTITUERE : BRUT., ad CIC., *inter ep* 1, ad BRUT, 6 : *communiter constituemus de reditu eius.*

CONSTITUERE INTER NOS : CIC., *De fin.*, V, 1 : *constitutum inter nos, ut ambulationem post meridianam conficeremus in Academia.*

3. CIC., *De off.*, I, 10 : *si constitueris cuipiam te advocatum in rem praesentem esse venturum* ; CIC., *De orat.*, I, 62 ; CIC. Ad ATT., I, 7 ; CIC., *Pro Quinctio*, 5 ; JUVENAL, III, 12 et les cas de constitut proprement dit du D. 13.5.

4. TERENT, *Eunuch.*, I, 2.125 : *is hodie venturum ad me constituit domum* — *exspectabo dum venit* ; TERENT., *Heaut.*, IV, 4.4 ; CIC., *Pro Caec.*, 7.

Concluons de cette énumération volontairement limitée qu'il faut écarter l'idée de convention bilatérale comme inhérente au sens même du verbe *constituere*.

Il convient peut-être aussi d'ajouter qu'il ne faut point attacher trop d'importance au préfixe *cum* dans les locutions juridiques. Parfois en effet il est difficile de reconnaître, par suite des abréviations en usage, si le préfixe est *cum* ou *in*. Les écrits juridiques relatent le mot *con* sous la forme d'un crochet très peu recourbé qu'il est aisé de confondre avec un i, dans l'écriture onciale. Des exemples se rencontrent dans Gaius III. 32 « *istituunt* au lieu de l'expression « *constituuntur* » des *Institutes* de Justinien (1).

2. La construction du verbe *constituere* mérite aussi de retenir notre attention. Et cela pour le motif que Bruns *Kleinere Schriften*, p. 224, qui s'est longuement attaché à des recherches philologiques, tire de cette construction une conclusion que nous avons peine à admettre.

Bruns constate que le complément le plus usuel de *constituere* est une périphrase à l'infinitif futur ou au passif de l'infinitif, ou encore une construction avec *ut* : *constituere se soluturum, constituere solvi, constituere ut pecunia daretur* (2). Dès lors, dit-il, l'emploi

1. Cf. encore G., IV, 32 : « *cont* » au lieu de « *it* ». — Lenel, *Z. S. S.*, 1928, XLVIII, p. 6 et les références à l'*Apographum* de Studemund, p. 260, et à Mommsen, *Apographum* du *Cod. Vatic.*, 5766, p. 385.
2. Constituere avec l'infinitif futur : Cic., *De off.*, I, 10 ; *De orat.*, I, 62 ; *Ad Att.*, I, 7 et surtout *Pro Quinctio*, 5 : *quasi domi nummos haberet, ita constituit Scapulis se daturum.* Quinte-Curce, VIII, 11.4.
Constituere avec un infinitif souvent au passif : Cic., *De off.*, I, 10, 32 ; *De Orat.*, I, 62, 265 ; *Ad fam.*, V, 20 ; *Ad*

d'un substantif à l'accusatif comme complément du verbe *constituere* est un cas dérivé et postérieur en date à la locution plus explicite *constituere se soluturum.*

Rien ne permet d'émettre pareille assertion. *Constituere* est très souvent déterminé par un substantif. Les textes littéraires nous fournissent une foule d'exemples.

a) En matière militaire : *constituere agmen, copias, cohortes, aciem, castellum,* etc. (1).

b) modum ou *fines constituere* (2).

c) Constituere diem, iter, locum ou les expressions passives : *dies constitutus, iter constitutum, locus constitutus* (3).

d) Constituere moram, mensas, omnibus rebus constitutis et même une fois *praemia constituere* (4).

Les auteurs juridiques affectionnent l'expression *se daturum, se soluturum, solvi.* Néanmoins il y a au siège même de la matière, D. 13.5 *de pecunia constituta,* de nombreux cas où *constituere* s'accompagne d'un substantif à l'accusatif. Les premiers mots de l'édit du Préteur portent aussi : « *Qui pecuniam debitam constituit* ». Et si nous considérons les textes juridiques

fam., VII, 24 ; *Propertius,* IV, 8, 33 et le *Digeste,* 13, 5 (relevé de Bruns, *Kleinere Schriften,* p. 223).

Constituere ut : Caes., *De bello gallico,* VII, 78 ; V, 22 ; VII, 46 ; Cic., *Ad Att.,* XVI, 10 ; *Pro Cael.,* 25 ; *Pro Caec.,* VII, 20.

1. *Thes., ling. lat.,* p. 513.

2. Asin. Pollio., *Bellum Afric.,* 54, 3 ; Cic., *Pro Quinctio,* 35.

3. Caes., *De bello gallico,* I, 8 ; *De bello civili,* III, 19 ; Cic., *Pro Caec.,* 12 ; *ad Att.,* XII, 1 ; Varro, *De re rustica,* II, 5, 1 ; Sueton., *Otho,* 6 ; Petron., 15 ; Tite-Live, XXXII, 35 ; Plaute, *Trinummus,* II, 4, 180.

4. Suétone., *J. Caesar,* 17,1 : *Curio cuis quod primus consilia conjuratorum detexerat, constituta erant publice praemia.*

relatifs à d'autres matières que le constitut, il y a de nombreux passages au Digeste qui démentent l'usage presque exclusif de l'infinitif complément de *constituere*.

La matière du louage nous offre l'expression *constituere mercedem*. D. 19.2 *locati conducti* 2.1 (Gaius) et 51.1 h. t. (Javolenus); D. 19.5 *de praescriptis verbis* 22 (1) (Gaius) (ce texte juxtapose la *merx data* et la *merx constituta*). — Gaius III, 143, 147. — D. 26.7 *de adm. et peric. tutor.* 12.3 (Paul).

D'autres exemples mentionnent : *constituere obligationem* D. 2.14 *de pactis* 7.4 (Ulpien); D. 23.3 *de jure dotium* 76 (Tryphoninus).

En matière de dot enfin le verbe *constituere* est d'usage fréquent. D. 23.3 *de jure dotium* 58.1 (Celsus) ; D. h. t. 69.4 et 5 (Papinien) ; D. h. t. 78.1 (Tryphoninus) ; D. h. t. 5.5 et 12 (Ulpien). D. h. t. 36 (Ulpien). D. h. t. 43 pr. (Ulpien). Gaius I, 178.180.

La dot est un patrimoine ou une partie d'un patrimoine apporté au nom de la femme pour aider le mari à supporter les charges du ménage, et qui doit être restitué à la dissolution du mariage. La dot était réalisée par voie de dation, par stipulation ou par *dictio dotis*. La *dictio* se faisait sous forme orale, elle était une promesse émanant du seul constituant. Déclaration unilatérale elle n'exigeait par d'interrogation préalable. (Gaius III, 96 : ...*uno loquente*). Elle était réservée à certaines personnes : la femme, son ascendant pater-

____

1. D. 19.5. *De praescr verbis*, 22 *(G. libro decimo ad ed. prov.) Si tibi polienda sarciendave vestimenta dederim, si quidem gratis hanc operam te suscipiente, mandati est obligatio, si vero mercede data aut constituta locationis conductionisque negotium geritur...*

nel, et à la période classique, le débiteur de la femme délégué par elle. Or les textes qui à propos de la dot emploient le mot *constituere* visent précisément les cas de dot promises par la femme ou par son père. Nous en inférons que le mot *constituere* appliqué à la dot réalisait, à côté de la stipulation, une forme unilatérale d'engagement.

3. Ayant ainsi recherché dans les textes littéraires et dans les monuments juridiques l'emploi du verbe *constituere* et ses diverses constructions, arrivons à la définition du constitut.

Constituere pecuniam debitam ou creditam **c'est donner l'assurance au créancier que la somme est ou sera disponible.** Sans doute devons-nous admettre que le constitut comporte un *dies*, mais cette idée de *dies* n'est pas comprise dans le mot *constituere*. Le *dies* s'y trouve par la force même des choses : un *mutuum* ne se conçoit pas sans un terme qui marque l'échéance fixée pour la restitution de la somme prêtée. Le constitut se rapporte (nous le verrons plus loin) à une dette certaine quant à son *quantum*. Le débiteur reprend la désignation de la dette qu'il affirme en tout ou en partie être disponible.

Cette définition offre l'avantage de tenir compte du fait qu'à Rome toute dette était quérable et non portable (1). A noter aussi que nous n'écartons pas l'idée de convention quand il s'agit du pacte de constitut. Celui-ci se présente en effet sous la forme d'une déclaration unilatérale, précédée sans doute et même pro-

---

1. ULPIEN, D. 18.6 : *de peric. et comm. rei venditae*, 1, 3.

voquée par une demande du créancier, mais non concomitante à celle-ci ni reprise dans un même acte. De
ce chef elle revêtait le caractère particulier d'être une
manifestation émanant du débiteur. La désignation
du créancier bénéficiaire par l'emploi du datif traduisait l'idée de convention.

CHAPITRE II

RECHERCHES DE PAPYROLOGIE

1. ἀντιφωνεῖν est-il l'équivalent grec de *constituere* ? — **2.** Quel est l'équivalent de *recipere* ? — **3.** ἀντιφωνεῖν dans les papyrus.

1. Les papyrus constituent une source des plus précieuses pour la connaissance du droit ancien. Rédigés en langue grecque ils contiennent les documents les plus divers : lettres, correspondances privées ou officielles, procès-verbaux, actes sous-seing privé ou authentiques. Ils permettent à l'historien du droit de déceler le droit dans ses applications journalières, de le saisir sur le vif, mêlé à la vie des peuples.

Trouvons-nous trace du pacte de constitut dans les papyrus égyptiens, soit à l'époque ptolémaïque, soit pendant l'occupation romaine (Ier au VIIe siècle de notre ère) ?

Il faut savoir d'abord quel est le mot grec qui correspond à *constituere pecuniam* du droit romain. Tout de suite surgit une grave querelle. Le mot ἀντιφωνεῖν, généralement admis comme traduisant le mot *constituere*, a-t-il un sens propre, déterminé, au point de ne désigner que le constitut, ou bien est-il susceptible de s'appliquer à des institutions différentes, telles le constitut et le *receptum argentarii* ?

Cette question a fait l'objet d'une étude récente de

M. Collinet (1). Le savant professeur de droit romain a conclu [qu'ἀντιφωνεῖν a toujours désigné *constituere*. La thèse opposée est surtout l'apanage de Schlossmann (2) qui s'appuie principalement sur la Paraphrase des *Institutes*. 4. 6.8 et traduit cette citation comme l'a fait déjà Ferrini : « la base commune entre l'action réceptice « et l'action du constitut, réside dans le fait que l'une « et l'autre prennent leur source dans le constitut (3). » Schlossmann invoque aussi les sources byzantines, surtout dans les Basiliques, où se rencontre l'ἀγωγή τῆς ἀντιφωνήσεως. Mais il oublie de tenir compte de la constitution de 531 promulguée par Justinien au code 4. 18.2, qui, fusionnant *receptum* et constitut, enlève désormais toute chance de connaître le domaine primitivement réservé au constitut.

M. Collinet (*loco cit.*, p. 277) relève l'impossibilité qu'il y a de traduire la Paraphrase des *Institutes* de Théophile de la manière proposée par Schlossmann.

Il faut admettre que dans la phrase « καὶ κοινωνία « μέν τῆς *recepticias* καὶ τῆς *pecuniae constitutae* αὔτη, « καθὸ ἑκατέρα ἐξ ἀντιφωνήσεως τίκτεται ἐξ ἀντιφωνήσεως « a le sens large de « promesse de garantie » « *ex pro-* « *missione ou responsione*». De plus M. Collinet apporte en faveur de son opinion l'appoint d'une preuve for-

---

1. P. Collinet, *Etudes historiques sur le droit de Justinien* (1912), p. 274, 279.

2. Schlossmann, *Litis contestatio.* Leipzig, 1905, p. 178 et ss.

3. ἦν δὲ τὸ παλαιὸν ὁμοία ταύτης τῆς *pecuniae constitutae* καὶ ἡ *recepticia* ἥτις ἁρμόζει τραπεζίτου ἀντιφωνήσαντοσ *(recepticia quae competit argentario promittente)*. καὶ κοινωνία μὲν τῆς *recepticias* καὶ τῆς *pecuniae constitutae* αὔτη, καθὸ ἑκατέρα ἐξ ἀντιφωνήσεως τίκτεται (Ferrini : *id vero inter recepticiam et pecuniae constitutae <actionem> commune est, quod utraque ex constituto nascitur*.

A. Phillippin   2

melle tirée du traité grec antejustinien *De Actionibus*
§ 34 (cf. Zachariae nov Lingenthal. *Z. S. S.*, t. XᵢV,
1893, p. 92) : ce traité s'exprime comme suit : « Κατὰ
τοῦ ἀντιφωνήσαντος τὴν *pecuniae constitutae* ».

Constituere a donc pour correspondant en langue
grecque ἄντιφωνεῖν.

2. M. J. Partsch a d'autre part établi que le mot
recipere avait pour pendant en grec les verbes ἀναδέχεσθαι
et ἐγγυᾶσθαι (1). Le premier verbe ἀναδέχεσθαι est plus
particulièrement la traduction précise de *recipere*, le
second ἐγγυᾶσθαι, celle de *recipere* dans ses rapports
avec le cautionnement. Il est utile de faire cette
remarque, le mot ἐγγυᾶσθαι étant d'emploi trop général pour pouvoir servir d'élément convaincant dans
la détermination du verbe grec correspondant à *recipere*. Quelques recherches papyrologiques confirment
notre point de vue.

Hibeh Papyri, (London, 1906), 58.9 (iiiᵉ siècle avant
notre ère) : ἀναδέδεκται ἡμῖν ἀπομετρησεῖν σῖτον.

Rubensohn, Elephantine Papyri (Berlin, 1907) 29.12
(iiiᵉ siècle avant notre ère) ἀναδέχομαι δὲ σοι πάντα
(σοι) τὰ δίκαια ποιήσειν (2).

ou encore :

Tebtunis Papyri 75.6 (iiᵉ siècle avant notre ère)
ἀναδέχομαι πόρον δώσιν τῆς ἀρταβης τοῦ αὐτοῦ ἔτους ἢ
μετρησεῖν ἐκ του ἰδίου (3).

1. J. Partsch., *Der ediktale Garantievertrag durch Receptum.*
Z. S. S., t. XXIX, 1908, p. 403, 422.
2. Preisigke, *Worterbuch der Griechischen Papyrus Urkunden.* Berlin, 1925, p. 86.
3. Sethe-Partsch, *Demoth. Urk. zur Agypt. Bürgschafts-
rechte,* p. 613.

Ces exemples sont le correspondant exact des textes de Cicéron qui font emploi du verbe *recipere* : cf. Cic. Ad fam. XIII, 28.3 « *in me recipio te ea quae fecisti Mercinii causa... bene collaturum* — De lege agr. II, 37.103 : *pro certo recipio polliceor hoc vobis atque confirmo, me esse perfecturum.* Cf. Ad Att., 1, 14.7 — pro Roscio Am. 112, 113, 114 ; Ad fam., XIII, 72.1.

Les papyrus qui correspondent à l'expression cicéronienne *spondeo, in me recipio* (1) conjuguent les deux verbes ἐγγυᾶσθαι et ἀναδέχεσθαι : ils sont d'une époque postérieure :

B. G. U. papyrus de Berlin 936.8 (v⁰ siècle de notre ère) ὁμόλογὼ ἐ′γγυᾶσθαι και ἀναδέδεχθαι μονῆς τὲ καὶ ἐμ. φανέιας τὸν δεῖνα.

Greek Papyri in the British Museum : Lond. 1008.9 (vi⁰ siècle) τοῦ δεῖνα ἐ′γγυωμενοῦ καὶ ἀναδεχόμενου τὸ προσώπον τοῦ δεῖνα. Cf. aussi Papyrus de Berlin 402.4 (vi⁰ siècle).

Ces papyrus se rapportent à la fonction de garantie propre aux engagements de payer une somme d'argent. Il semble que l'emploi des deux verbes ἐγγυᾶσθαι et ἀναδέχεσθαι rendait seul compte de la fonction de garantie : les deux expressions se complétaient intimement, ainsi que cela résulte de certains textes caractéristiques à cet égard : Maspero : Papyrus grecs d'époque byzantine : 95.13 (vi⁰ s.) : une caution paie « ὑπὲρ ἀναδοχῆς τοῦ δεῖνα ; et 305.23 (vi⁰ s.) même hypothèse : ἤ ἀναδοχὴ τοῦ δανίου. Papyrus d'Oxyrhynchus 1408.5 (iii⁰ siècle) : ἤ τῆς ἐγγυῆς ἀναδοχή et papiri Florentini-Vitelli 280.10 (vi⁰ s.).

1. E. Costa, *Cicerone giureconsulto*, p. 185-186.

La démonstration de Partsch qui affirme que *recipere* avait pour parallèles plusieurs termes grecs, notamment ἐγγυᾶσθαι et ἀναδέχομαι se trouve ainsi précisée.

3. Si nous reprenons maintenant, — après cette discussion du correspondant grec de *recipere* tendant à écarter toute équivoque quant aux termes employés dans les papyrus — le mot ἀντιφωνεῖν, et si nous recherchons sa présence dans les papyrus gréco-égyptiens, nous constatons combien est fondée la thèse de M. Collinet qui rapporte le mot au verbe *constituere*.

D'abord nulle part il ne s'agit, à propos d'ἀντιφωνεῖν, de banquiers ou de comptoirs d'argent si nombreux pourtant en Orient.

Puis l'usage du constitut paraît avoir été très limité en Egypte et dans les provinces grecques. Aucun document de la période ptolémaïque ou des deux premiers siècles de notre ère ne mentionne ἀντιφωνεῖν avec un sens juridique. Les papyrus contenant ce mot sont des lettres et ἀντιφωνεῖν signifie répondre, surtout au sens de répondre par écrit, donner une réponse écrite. Papyrus d'Oxyrhynchus 805 (1er s. avant notre ère)... ’αξιῶ δὲ ἀντιφωνεῖν [μ] οἱ πυκνότερον.

Idem. 1061.19 (règne d'Auguste) : lettre d'un nommé Diogenes à son frère : καὶ ὁπὲρ τούτῶν καὶ ὑπὲρ ὧν ἀλλῶν σὲ διὰ γραπτοῦ ἠρώτησα ἀντιφωνῆσαί μοι.

Idem. 300.5 (1er s. de notre ère) : lettre à un ami, le priant de répondre par courrier et d'informer qu'il a reçu un objet envoyé : ἔπεμψά σοι διὰ τοῦ καμηλείτου Ταυρείνου τὸ πανάρι(ο)ν, περὶ οὗ καλῶς ποιήσεις ἀντιφωνήσασά μοι ὅτι ἐκομίσου.

Tebtunis Papyri 302.15 (4e année du règne de Vespasien), lettre officielle à un préfet en vue de s'opposer à un relèvement des redevances dues pour la location de terres ayant appartenu à un temple.

Ryl. 234, 12, 15 (IIe s.) (Johnson Martin Hunt Catalogue of the greek Papyri in the John Rylands Library. Manchester, 1915) lettre relatant les difficultés éprouvées pour obtenir une réponse d'un haut fonctionnaire.

Et papyrus d'Oxyrhynchus 294 : ἐρωτῶ δὲ σὲ καί παρακαλῶ γραφεῖ μοι ἀντιφώνησιν περὶ τῶν γενομενῶν.

Les documents des siècles subséquents (à partir du IVe s.) mentionnent ἀντιφωνεῖν avec un sens juridique, celui de garantie ou de cautionnement.

Papiri greci et latini (pubblicazioni della Societa Italiana) 75, 3.10.13 ἀντεφώνησέν μοι ὑπερ αὐτοῦ. Greek Papyri in the British Museum 1436.125 ὁ δεῖνα ἀντ(ιφωνηθείς) ὑπὸ τὸ δεῖνα; cf. aussi *idem* 1452.21 (époque byzantine) et Papyrus d'Oxyrhynchus 136.39.

Ce sens de garantie est une désignation assez vague, celle que M. Collinet indique dans sa traduction de la Paraphrase de Théophile. C'est en tout cas un sens dérivé, très éloigné de l'emploi primitif du mot ἀντιφωνεῖν. L'ἀντιφώνησις est un des procédés de cautionnement si multiples et si imprécis dus au transfert des institutions romaines à la partie grecque de l'empire.

Les sources grecques ne nous fournissent donc que peu de renseignements. C'est jusqu'au IIIe siècle de notre ère la carence complète en tant qu'institution juridique. C'est plus tard une appellation juridique, mais trop imprécise pour être d'aucune utilité dans la recherche de la physionomie propre du constitut. Il semble bien que le constitut fut ignoré de l'Orient, sous sa forme première le *constitutum debiti proprii*.

CHAPITRE III

ORIGINE DU CONSTITUT

Parenté avec une autre institution : **1.** Avec le *receptum*. — **2.** Avec l'*hemolion*.

Le fait qui a donné naissance au constitut. — **3.** Le délai accordé au débiteur. La Paraphrase de Théophile **4.** *fides, aequitas naturalis* D. 13.5 pr. — **5.** Cic., *Pro Quinctio*, 5, 18. — **6.** La dette à terme Labeon. D. 13.5.3.

7. Y a-t-il un principe correspondant en droit grec : le δάνειον. — **8.** Caractères retenus du δάνειον. — **9.** Deux papyrus caractéristiques.

Le constitut fut une institution prétorienne. D. 13.5. *de pec. constit. 1. pr. « hoc edicto praetor favet naturali aequitati. ; h. t. 1. 1. « ait praetor » ; h. t. 3. 1. « si quis autem constituerit quod iure civili debebat, iure praetorio non debebat, an constituendo teneatur, quaeritur. ; h. t. 16. 2. « ait praetor. ; h. t. 16. 4. haec autem verba praetoris. h. t. 18. pr. : item illa verba praetoris.* Institutes. IV. 6. 8. *« in personam quoque actiones ex sua iurisdictione propositas habet praetor.*

Peut-on assigner au constitut une parenté avec une institution étrangère ou même une institution juridique romaine ?

1. On a voulu voir dans le constitut un dérivé du *receptum argentarii*. Le Préteur se serait inspiré de l'engagement de banquier. Celui-ci en effet gérait la fortune des particuliers, effectuant pour compte des clients des paiements, opérant des virements, ou collaborant à leurs relations juridiques (1). Le grand argument en faveur de cette opinion est le passage des Institutes : 4. 6. 8. « *veluti de pecunia constituta cui similis videbatur receptitia* ». Les Institutes, en l'occurrence, ne font que répéter la constitution de 531 au Code. 4. 18. 2.

Sans vouloir nier le rôle que les banquiers jouèrent à Rome, comme nous le montre en particulier Cicéron (2), sans oublier que les Romains furent des commerçants et que le droit romain (à l'inverse de nos législations actuelles) ne distinguait pas entre le droit civil et le droit commercial, il faut reconnaître que le *receptum*, engagement de banquier n'a pas pu servir de modèle au pacte de constitut. Les conditions de l'une et de l'autre institution sont trop différentes.

Le *receptum* envisageait une dette future. Le constitut exigeait une dette préalable, une *certa pecunia debita*.

La différence d'objet était aussi nettement marquée, d'une part le *receptum* s'appliquait à toute dette ; le constitut seulement aux dettes d'argent, puis aux choses qui se comptent, se pèsent, se mesurent. Ce fut une des raisons pour lesquelles Justinien fut amené, lors de la fusion des deux institutions, à préciser la portée nouvelle de l'action *de pecunia constituta* : il emprunta au *receptum* sa portée générale : « *necessarium nobis visum est magis pecuniae constitutae naturam ampliare ; ut liceat omnibus constituere non solum res quae pondere*

---

1. *N. R. H.*, t. XXXIII, 1909 ; PLATON, *Les Banquiers dans la législation de Justinien*, p. 11.

2. SALVIOLI G., *Il commercio del denaro a Roma nelle lettere di Cicerone ad Attico*. (Atti Acc., Scienze moral. e polit. di Napoli, 47 (1921), 133-144.)

*numero mensurave sunt, sed etiam alias omnes sive mo-
biles sive immobiles* (Code 4. 18. 2.).

Le *receptum*, réservé aux banquiers, occupait dans
l'édit du Préteur une place distincte du pacte de constitut. Celui-ci figure au titre *de rebus creditis* » « § 97 ;
le *receptum* lui, au titre de *receptis* § 50, où il voisine
avec le *receptum arbitrii* et les *recepta stabulariorum,
cauponum, nautarum.* Comment expliquer la juxtaposition du *receptum* des banquiers et celui des hôteliers ?

C'est que, comme l'a montré Partsch (*op. cit.*) *recipere*
signifie se charger de, prendre une charge, assumer
la responsabilité de (1).

Enfin le *receptum* est toujours un engagement de
payer pour autrui, tandis que le constitut fut longtemps
et en principe une promesse de payer sa propre dette.
C'est d'ailleurs ainsi que, figurant au titre de *rebus
creditis,* il avait des ressemblances avec le *mutuum*
auquel il emprunta le *iusiurandum in iure* et la *sponsio*
et *restipulatio* renforcées.

2. Le constitut qui présentait cette particularité
de la *sponsio* et de la *restipulatio dimidiae partis* ne
rappelle-t-il pas l'hémolion ?

1. H. VINCENT, *Res recepta.* Thèse, Montpellier, 1920, a
soutenu il est vrai une thèse moins juridique : Le banquier
qui acceptait de payer au nom de son client ne le faisait en
réalité que parce qu'il existait chez lui un dépôt, une provi-
sion, comme de nos jours. D'ailleurs le D., 16, 3, *depositi vel
contra,* 1, 10, 11, 12, 13 (Ulpien) et le D., 19, 2, *locati conducti,*
60, 6 (*posteriora* de Labéon) emploient l'expression *recipere*
dans le sens de « accepter en dépôt ». La formule fréquemment
usitée chez les banquiers était « *habes penes me* », cf. :
D., 13, 5, *de pecunia constituta.* 26 (Scaevola) qui a rapport au
receptum : habes penes me denarios tot, quos numerare debebo,
et aussi D., 16, 3, *depositi vel contra,* 24 (Papinien) et 2, 2 (Paul.)

M. Cuq (1) admet que « le constitut est l'un des très
« rares cas où les Romains ont consacré l'*hémiolion*,
« emprunté à la pratique grecque : le débiteur en retard
« devant payer moitié en sus du capital ».

Révillont (2) a cru découvrir des précédents de notre
constitut chez les Phéniciens, à Babylone, en Egypte.
Outre qu'il nous est difficile de suivre l'auteur dans son
étude de droit comparé, remarquons que les rapprochements signalés sont vagues et ne peuvent étayer une
assimilation du pacte de constitut et des institutions
« de garantie » employées chez ces peuples d'Orient. Le
constitut à Babylone, par exemple, aurait eu pour objet
uniquement la dette d'autrui, ce qui nous écarte de
notre constitut romain.

En fait, ce qui a poussé Révillont à comparer le constitut et les droits anciens, c'est bien l'*hémiolion* auquel
il assimile la *sponsio dimidiae partis*.

Sans anticiper sur cette *sponsio* et cette *restipulatio*
il convient de ne pas perdre de vue que ces deux stipulations étaient une partie de la procédure qui sanction-
nait le constitut. L'*hémiolion* faisait corps avec la conclusion même du contrat, et il n'y a pas trace de *stipulatio*. L'*hémiolion* pesait sur le débiteur, et sur lui seul.
Le rapport de l'*hémiolion* et de la somme principale
était marqué par l'intermédiaire des conjonctions σύν
et μετά (3). Ce n'était, nous dit M. Berger, qu'une notion
mathématique, moitié de la somme principale, et la
fonction qu'il fallait attribuer à cette quotité supplé-

1. *Manuel*, 3ᵉ éd., p. 512, note 1.
2. E. Révillont, *Les Obligations en droit égyptien* (1886),
4ᵉ leçon.
3. Berger, *Die Strafklauseln in den Papyrus Urkunden. Ein Bei-
trag zum gräko. ägyptischen Obligationenrecht.* Berlin, 1911, p. 118.

mentaire variait selon les conventions des parties : *l'hémiolion* était tantôt un moyen de pression de la part du créancier pour obtenir le paiement de la somme due, tantôt une redevance ou loyer de l'argent prêté (1). Même si *l'hémiolion* avait le caractère de loyer de l'argent, il était parfois encore accompagné de la stipulation d'intérêts moratoires : δραχμιαῖοι (τόκοι) 12 % ou δίδραχμοι 24 %, sans qu'on ait à distinguer selon que l'intérêt moratoire avait été prévu lors de la conclusion du prêt ou seulement par convention postérieure (2).

Outre la différence qu'il y a entre une *sponsio* et une *restipulatio* procédurales et *l'hémiolion*, élément du contrat lui-même, il faut remarquer encore que *l'hémiolion* est en opposition manifeste avec le droit classique romain D. 22.1 *de usuris et fructibus.* 44 (Modestin) : *poenam pro usuris stipulari nemo supra modum usurarum licitum potest.* Donc sous le couvert d'une peine conventionnelle, il était interdit de dépasser le taux légal maximum des intérêts. Sinon il y avait lieu à réduction (cf. Vat. fragm. 11 (Pap.) : D. 19.1. *de actionibus empti venditi* 13. 26, D. 22.1. *de usuris et fructibus.* 9 pr. (Pap.) et Code 4. 32.15.

Les rapprochements avec le *receptum* et *l'hémiolion* ne nous paraissent pas possible. Il n'y avait donc pas d'*institution* semblable au constitut qui aurait pu servir de point de départ à notre institution. Force nous

---

1. Clause pénale : *Amherst Papyri* II, 147, 2, 7, *Papyrus Oxyrhynchus*, 1040, 20.

Loyer de l'argent : *Papyrus Grenfell*, II, 16 (137 avant notre ère).

2. Que *l'hémiolion* fut vraiment l'augmentation de la moitié. Cela ressort aujourd'hui sans conteste du papyrus *Oxyrhynchus*, 1040 : quatre artabes plus l'hémiolion = six artabes ; cf. *contra* : BILLETER, *Geschichte des Zinsfuszes*, p. 224.

est de rechercher *le fait* qui a pu donner naissance au constitut, le cas particulier qui attira l'attention du Préteur et lui sembla suffisamment important pour mériter son intervention.

3. L'on s'accorde à dire que le pacte de constitut serait intervenu pour donner un délai au débiteur.

Un débiteur était insolvable au moment de l'échéance Le créancier lui réclamait en justice le paiement de sa dette. Le débiteur alors d'apitoyer son créancier et d'obtenir de lui un délai pour s'acquitter. Le créancier aurait, en vue de s'assurer contre une insolvabilité nouvelle, été autorisé à faire usage de l'*actio de pecunia constituta*, qui offrait l'avantage d'une *sponsio* plus forte que la *sponsio* primitive, puisqu'aussi bien elle était portée du tiers à la moitié de la créance. C'est l'hypothèse prévue par Théophile. Paraphrase des Institutes 4. 6. 8 (1).

Rien ne nous permet d'avoir une confiance grande en l'œuvre de Théophile. M. Collinet, à propos de la disparition du *receptum argentarii* sous Justinien et de son absorption par le pacte de constitut, a révélé combien il était difficile de suivre Théophile dans l'explication qu'il fournit de ce phénomène. Le *receptum*

---

1. Χώραν ἔχει ἐπὶ τούτον τοῦ θεματος. ἐχρεώστεις μοι νομίσματα. περιετοχόν σοι, ἀπήτουν σε ταῦτα. ἀπαιτούμενος σύ καὶ βουλόμενος τὴν παροῦσαν ἐνόχλησιν διαφυγεῖν, ἀντεφώνησας εἰπὼν, ὅτι ʿτῇ δεκάτῃ τοῦ μηνὸς ταῦτά σοι καταβαλῶ.

Παρελθούσης τῆς προθεσμίας ἀπήτουν σε. ἔλεγες σύ, τοὺς ὅρους τῶν ἀγωγῶν τεχνολογῶν, μηδα μόθεν ἑαυτὸν ὑπεύθυνον εἶναι. οὐδὲ γὰρ ἐπερώτησις γεγονεν, ἵνα κινηδῇ κατὰ σοῦ ἡ *ex stipulatu* οὐδε μανδάτον παρηκολούθησεν, ἵνα ἁρμόσῃ ἡ *mandati.* ἑωρακὼς τοίνυν τὴν σὴν ἀγνωμοσύνην ὁ πραίτωρ ὡς ὑπεναντίαν, ὅτι μάχῃ ταῖς σαυτοῦ ὑποσχέσεσιν, ὥρισε τὴν *pecuniae constitutæ.*

n'était pas tombé en désuétude dans la partie orientale du monde romain. Il n'y avait pas été adopté par les Orientaux. M. Collinet (1) constate que les rédacteurs de la réforme auraient « en l'occurrence dû comparer « l'état du droit de l'Orient avec celui de l'Occident, ce « dont les rédacteurs ne se sont pas préoccupés, car la « connaissance du droit romain de l'Italie leur échappait « autant que l'histoire ». Théophile n'a fait que suivre l'exemple de son maître.

Dès lors, la Paraphrase des Institutes n'est pas un guide sûr. Le texte relatif à l'origine du constitut nous paraît bizarre. Que s'est-il passé au juste ?

Les termes imprécis ne nous le disent pas clairement. Le créancier a réclamé l'argent prêté. Il semble que c'est une réclamation en justice : *adpellatus* le prouverait tout au moins. Il a donc intenté l'action *certae creditae pecuniae*. Puis il se serait dessaisi et aurait accordé un délai. Le débiteur plus tard, lors de la nouvelle échéance, invoquerait l'absence de titre régulier pour échapper aux poursuites : il n'y a pas eu stipulation dirait-il, ni mandat. L'idée de mandat n'est déjà pas facile à expliquer dans notre hypothèse. Puis qu'est-ce que « τοὺς ὅρους τῶν ἀγωγῶν τεχνολογῶν. Ferrini traduit : *actionum fines artificiose captans*. Reiz, *glossarium Theophilinum* donne comme traduction: *suptilius captans* et ne commente aucunement l'hypothèse de Théophile. S'agit-il de la prescription des actions ?

Dans ce cas il paraît étrange d'invoquer ce moyen de défense. La prescription des actions autres que les actions pénales était longue à acquérir, et sous Théo-

1. Collinet, *Etudes historiques sur le droit de Justinien* 1912), p. 276.

dose en 424 elle fut uniformément fixée à trente ans (1).
Puis que restait-il de l'action primitive ? Rien semble-
t-il, puisque le débiteur ne mentionne que le défaut de
titre nouveau pour échapper aux poursuites. Pourtant
le constitut offrait cette particularité de munir le créancier d'une action nouvelle tout en laissant subsister
l'ancienne. Le créancier avait deux actions. Ce ne serait
pas le cas dans l'hypothèse prévue par Théophile; si le
Préteur n'était pas intervenu, le créancier aurait été
privé de tout droit et dès lors il faudrait préciser encore
et dire que l'action primitive aurait été prétorienne
et annale.

Cette interprétation de la Paraphrase de Théophile
nous la donnons sous toute réserve : le texte est si peu
clair et si peu explicite qu'il ne faut le commenter
qu'avec une grande prudence.

4. Quoi qu'il en soit, on admet sans hésiter que le cas
spécial décrit par Théophile serait le point de départ
du constitut : il aurait fait ressortir la nécessité de réa-
gir contre l'effronterie du débiteur, qui abuse d'une
mesure de clémence telle que le délai. On se base d'ailleurs sur la fin du texte de Théophile, qui montre le
débiteur arguant de son propre engagement pour ne
point tenir sa promesse : l'engagement n'était ni une
stipulation, ni un mandat. L'exorde du D. 13. 5 de
pecunia constituta pr. « *quoniam grave est fidem fallere* »
vient renforcer cette idée qu'il y avait chicane à refuser

1. La traduction du passage contesté ne peut être la suivante : invoquant la péremption d'instance ; car *fines actionum* est déterminé immédiatement par l'allusion à la stipulation ou au mandat.

de payer une somme due et pour laquelle on avait obtenu un délai (1). D'où élévation de la *sponsio* à la moitié de la somme principale du litige.

Pour séduisante qu'elle paraisse, nous ne pouvons admettre cette solution du problème de l'origine du constitut.

On peut baser beaucoup de réformes du droit civil romain sur la *fides*. La *fides* n'était autre que la notion commune de confiance, d'honnêteté. M. Collinet dans un de ses cours de doctorat consacrés à la notion de bonne foi définit la *fides* « un concept d'ordre moral ou éthique (2) ».

Il faut de plus être réservé quant a l'authenticité de l'introduction générale au D. 13. 5 *de pecunia constituta*. Cet exorde «*hoc edicto praetor favet natur aliaequitati :*. « *qui constituta ex consensu facta custodit, quoniam* « *grave est fidem fallere* » n'est pas d'Ulpien. Les professeurs de Beyrouth et les collaborateurs de Justinien avaient le souci des classifications, et aimaient de généraliser. Leurs entrées en matière ressemblent aux *summae* des Glossateurs. La littérature byzantine, dit Pringsheim (3), avait des introductions générales : προθεώριᾱι, et c'est peut être par l'Epitome et les interpolations de Justinien que cette méthode pédagogique est parvenue aux Glossateurs. Pernice (*Z.S.S.*, 20. 148³) et (Schulz, *Einführung*, 35) ont relevé dans les commen-

1. Bruns, *Kleinere Schriften.*, p. 245.
2. Cf. Endemann, *Römisches Privatrecht* (Berlin, 1925), p. 141, « die bona fides beim Schuldverträgen... erscheint als der ethische Maszstab einer Objectiven Norm. »; le contraire de *fides* est *dolus* ou *malitia*.
3. Pringsheim, *Systematisches Ubersicht.*, p. 261 ; Pernice, *Z. S. S.*, 20, 143³ ; Schulz, *Einführung*, 35. Z. S. S., 1927.

taires de l'Edit d'Ulpien pareilles généralisations et y
voient le signe des retouches apportées par les professeurs de Beyrouth. Notre introduction est du nombre
des textes retouchés (Pringsheim, *Z. S. S.*, 42. 667[5]). Le
quoniam grave est fidem fallere est donné comme une
maxime et le Préteur a agi au nom de la « *naturalis
aequitas* ».

L'expression *naturalis aequitas* prête à de multiples
controverses. Elle se retrouve dans un autre texte (Inst.,
3. 1. 9 et Théophile) qui explique l'intervention du Préteur en matière de succession en faveur des émancipés,
et l'octroi de la *bonorum possessio unde liberis*. Le Préteur a agi « *naturali aequitate motus* ». C'est l'opposition
entre le droit établi et le droit naturel, et comme telle
c'est une innovation de Justinien (*naturalis aequitas* est
le contraire de *iuris necessitas* (Instit. 2. 23. 12.). Toutefois l'*aequitas* a été souvent invoquée par Cicéron
qui avait subi l'influence des philosophes grecs et dont
les discours reflètent les pensées humanitaires (1). Gaïus
d'autre part a rapproché souvent l'*aequitas* du *jus
gentium*.

Un texte de Tryphoninus D. 16. 3. *depositi vel contra*
3. offre ceci de particulier qu'il réunit dans la même
hypothèse les deux notions de *fides* et de *aequitas*, et
qu'il emploie des mots avec un sens philosophique,

___

1. J. STROUX, *Summum ius, summa iniuria*, p. 31-38. —
L'auteur exagère peut-être la tendance de réhabilitation de
Cicéron en tant que jurisconsulte ; à l'entendre l'*aequitas* aurait
été dès Cicéron un principe dominant. Ce résultat ne peut être
admis, sinon on ne comprendrait plus que la distinction entre
stipulation et pacte se soit maintenue ; ni que le droit romain
ait connu seulement quelques *formulae in aequum et bonum
conceptae* ou quelques *bonae fidei judicia*, cataloguées par
Q. Mucius et Gaius.

tel le mot *desiderat* (1) Tryphoninus est, il est vrai,
un jurisconsulte grec qui ne parle pas la langue châtiée
des grands jurisconsultes romains.

L'introduction au D. 13. 5 de *pecunia constituta* n'est
pas convaincante parce que invoquant une raison trop
générale et aussi parce que, ajoutée après coup avec
des retouches qui faussent l'esprit du constitut lui-
même.

5. Que l'application première du constitut ne soit pas
nécessairement l'octroi d'un délai au débiteur comme
le dit Théophile, cela ressort aussi du seul texte litté-
raire certain concernant l'action de *pecunia constituta.*
Cic. pro Quinctio. 5. 18. (année probable 673-81).

Les faits rapportés dans ce discours et utiles pour la
compréhension du constitut sont les suivants :

C. Quinctius était engagé dans une société ayant
pour objet l'exploitation des domaines en Gaule. Il
avait pour associé un certain Maevius qui plusieurs fois
lui avait paru suspect. Quinctius meurt et laisse comme
héritier son frère Publius Quinctius, client de Cicéron.
Or la succession de C. Quinctius avait laissé des dettes,
entre autres envers un nommé Scapula, décédé, repré-
senté lui-même par ses enfants. La somme due aux héritiers de Scapula n'étant pas liquide (il s'était élevé une
contestation relative à une question de change), le juge
occupant le siège dans le procès actuel où plaide Cicéron

---

1. D. 16.3 : *depositi vel contra,* 31. T℞YPHONINUS agite la
question de *l'aequitas* et se demande s'il faut l'apprécier par
rapport au droit des gens, ou à l'aide des règles civiles et prétoriennes : *Bona fides quae in contractibus exigitur aequitatem
summam desiderat sed eam utrum aestimamus ad merum ius
gentium, an vero cum praeceptis civilibus et praetoriis...*

avait été appelé à déterminer le montant de la dette.

Publius Quinctius, désireux de payer les dettes successorales, veut vendre des biens qu'il possède en Gaule. Alors Maevius, associé de son frère, le dissuade, prétextant que le moment est peu favorable à la réalisation des immeubles. Il promet de donner à Publius Quinctius la somme nécessaire, mais au fond, rusé compère, il se promet bien à lui-même de ne pas tenir sa parole. Il espère ainsi amener Publius à reconnaître de prétendues dettes dont la société (1) lui serait redevable. Le plan de Maevius réussit à merveille. Publius Quinctius s'engage par constitut envers les héritiers de Scapula. Alors qu'il est pris *in angustias horas*, c'est-à-dire alors qu'il est acculé par l'action *de pecunia constituta*, il comprend seulement le jeu de Maevius. Que faire ? Il faut payer pour échapper aux dures suites qu'entraînerait l'action *de pecunia constituta*. Publius obtient quelques jours de délai et réalise à tout prix les biens situés en Gaule, pour faire honneur à ses engagements. La somme était due : bien plus, le montant en avait été arrêté par décision du juge actuel. A aucun moment il n'est question de délais, avant que l'action de *pecunia constituta* ne soit exercée. Selon la définition que nous avons donnée du constitut Publius Quinctius promet de façon certaine le paiement de la dette héré-

---

1. La société qui comprenait C. Quinctius et Maevius s'était dissoute par la mort du premier des associés, mais il résulte du contexte qu'une société nouvelle avait été formée entre P. Quinctius et le même Maevius. Le procès intenté à Maevius vise à la liquidation de cette association nouvelle. Cic., en effet, *Pro Quinctio*, 16, 52 ; 16, 53 ; 23, 74, reproche à Maevius d'avoir manqué à l'*officium* d'associé — d'autre part Maevius a acheté au nom de Publius Quinctius, comme *co-socius*, un bien vendu aux enchères par suite des proscriptions de Sylla.

ditaire, il déclare l'argent destiné au paiement disponible « *quasi domi nummos haberet*. La duplicité de Maevius qui l'a fait s'engager à fond l'oblige à demander un délai, après que le constitut avait été conclu. Le texte dit : « il parvient à obtenir un délai de quelques jours » (5. 20.). Les *angustiae horae* traduites par « les plus angoissantes difficultés » (ed. Budé, p. 17) représentent la *sponsio dimidiae partis*, encourue par le débiteur qui n'avait pas l'argent disponible à la date fixée et ce malgré son engagement formel (1). Il est assez curieux de retrouver dans la Paraphrase de Théophile la même idée que dans le texte de Cicéron *et velles praesentes angustias effugere* ». Toutefois, la situation décrite n'est pas la même dans les deux cas. Chez Théophile, *molestiam praesentem effugere vellens* a trait à la situation du débiteur qui ne peut payer et fait un constitut pour échapper aux poursuites. Cicéron au contraire emploie une expression semblable lorsqu'il s'agit du débiteur qui a déjà fait un constitut.

Un autre texte de Cicéron nous présente sans doute un nouveau cas de constitut : il figure dans une des premières lettres à Atticus (année 866-68.) ad Att. I, 7 :

---

1. Notre cas est une illustration de la longueur des débats et de leurs complications dans les procès civils. Le nombre des moyens d'action n'étant pas limité, les juges avaient grand peine à terminer les procès, si bien qu'ils avaient pris l'habitude de différer longtemps la sentence pour ne pas froisser la susceptibilité de ceux contre qui ils s'étaient déjà prononcés. Cicéron, dans ses discours, reprenant les diverses actions, a refondu en un seul ses divers plaidoyers : « il en a tiré par une espèce de *contaminatio*, une œuvre nouvelle qui présente l'affaire dans « son ensemble et conserve à la littérature la plaidoirie multiple « et confuse de la réalité » J. Humbert, *Plaidoyers écrits et plaidoyers réels de Cicéron*, p. 40.

c'est la promesse de payer, relative au prix d'acquisition de statues (1).

Le cas décrit par la Paraphrase de Théophile dont la connaissance de l'ancien droit romain n'était certes pas approfondie, ne peut donc servir tout au plus que d'exemple. Si une nouvelle date d'échéance, postérieure à la première, était insérée dans le constitut, on pouvait parler d'une question de délais. C'était un cas particulier parmi les nombreuses applications auxquelles le constitut a donné lieu à la période classique : modifications au contrat primitif ou moyen pour détourner les prescriptions du *ius civile*.

Il faut donc écarter l'idée de délai comme ayant été l'élément qui donna naissance au constitut. Qu'on se souvienne de notre définition, et l'on s'aperçoit qu'elle vise, sans adjonction nécessaire de détails nouveaux, le paiement de la dette préexistante.

Dans quels cas, suffisamment importants pour nécessiter une seconde action, apparaît le constitut ?

6. Labéon, au D.13.5.(notre titre) 3.,cité par Ulpien, à propos d'une dette à terme, admet la validité au constitut « et *adicit Labeo vel propter has potissimum pecunias, quae nondum peti possunt, constituta inducta* » Ulpien aurait ajouté (2) : « *quam sententiam non invitus*

---

1. Cic., *Ad Att.*, 1, 7. *L. Cincio* HSXXCD *constitui me curaturum Idibus Febr. : tu velim ea, quae nobis emisse et parasse scribis, des operam ut quam primum habeamus.* — Bruns, *Kleinere Schriften*, p. 233 dénie tout rapport du texte avec le constitut, sur la base du verbe *curare*, qui selon lui ne peut signifier payer. *Contra :* E. Costa, *Cicerone Giureconsulto*, I, p. 187.

2. Beseler, *Beiträge*, IV, 128.

probarem, habet enim utilitatem, ut ex die obligatus constituendo se eadem die soluturum teneatur.

La dette à terme est de tous les temps.

A côté du troc, vente primitive entre groupes (car Rome fut d'abord une cité fédérative avant de devenir la capitale du monde romain) qui se terminait aussi vite qu'elle était née, il y a eu le prêt et le prêt donne lieu à « cet état de tension » qui résulte du fait que l'exécution du débiteur est remise à une date future (1). Le prêt réalise la notion d'obligation, la restitution de l'objet prêté se faisant parfois longtemps après la remise qui a créé le rapport de droit. Sous la forme du *nexum*, l'obligation qui en résultait, était précisément constituée comme dans les délits, astreignant le débiteur à se vendre lui-même ou à laisser vendre une personne de sa famille. Lorsque, par suite de la loi Poetelia, il eût revêtu le caractère d'obligation patrimoniale, d'obligation dans le sens moderne du mot, on peut dire que le prêt constitua le type de l'obligation, de la dette à terme.

Le *mutuum* qui était sanctionné, sous la procédure formulaire, par l'*actio certae creditae pecuniae*, comportait une *sponsio* et une *restipulatio tertiae partis*, et donnait lieu à un *iusiurandum in iure*. Quelle en est la raison ?

C'est qu'à Rome la justice fut arbitrale encore pendant toute la procédure formulaire et qu'il fallut attendre le Bas-Empire pour avoir une organisation judiciaire semblable à celle d'aujourd'hui, avec ses juges fonctionnaires permanents, avec ses voies de recours et sa pro-

______
1. BONFANTE, *Histoire du Droit Romain*, trad. franç., p. 221.

cédure introduite par *denuntiatio* ou libelles. Avant cela et durant la période classique tout entière, ce fut la division de l'instance en deux phases : une *in iure* devant le magistrat, une *in iudicio* devant le juge, simple particulier.

Cette organisation reflète le caractère que les Romains attribuaient à la Justice : ultime moyen de se faire rendre ce qui est dû, mais non moyen ou instrument de chicane. D'où, dans le *mutuum* contrat très fréquent, la possibilité d'arrêter *in iure* l'action engagée, et aussi la *sponsio* et la *restipulatio tertiae partis* encourue parce qu'on a laissé aller les choses jusque par devant le juge. En réalité, la conception romaine de la justice était faite de plus d'honnêteté, peut être parce que l'influence des Pontifes avait été prépondérante sous les actions de la loi et que *ius* et *fas* ne firent à l'origine qu'une seule chose (1). L'obligation elle-même qui liait le débiteur au créancier était interprétée comme un lien non pas matériel, mais émanant d'une force surhumaine.

Le constitut intervenant dans un *mutuum*, donc dans une dette à terme, était un manquement grave à la parole donnée si le paiement n'avait pas lieu à l'échéance même primitivement convenue. C'était l'assurance donnée que la créance serait payée, que l'argent serait disponible. Il devait dès lors sembler anormal d'avoir à recourir à la justice. Les actions étaient à Rome l'aboutissement pratique du droit, leur usage n'en constituait pas moins un procédé dont l'emploi devait

1. Axel Hagerström, *Der Römische Obligationsbegriff im Lichte der Allgemeinen Römischen Rechtsanschauung.* Uppsala, 1927, p. 555[2], 558[2], et ss., 568, 582.

être restreint le plus possible, surtout si aucune contestation ne s'élevait quant à la réalité de la dette désormais litigieuse.

Le constitut, réponse fournie au créancier, qui sans doute sur la certitude à lui donnée que les capitaux prêtés seraient à sa disposition avait engagé de nouvelles opérations, était dans l'organisation de la vie économique romaine destiné à faciliter les rapports entre créancier et débiteur. S'il n'était pas observé par le débiteur ou si le créancier en abusait, la stipulation *dimidae partis* intervenait et cette aggravation possible de la dette ou cette diminution de créance agissaient comme sanction du recours en justice.

7. Le constitut, qui intervient disons-nous dans la dette à terme, et qui resta toujours en dehors du *ius civile*, a-t-il eu un principe correspondant dans une législation voisine ? Le Préteur qui créa l'action de *pecunia constituta* a-t-il pu s'inspirer d'une institution qui rendait des services analogues ?

L'idée du constitut a selon nous, été prise dans la pratique du δάνειον fictif, moyen de promettre un paiement d'une façon abstraite mais pourtant déterminé dans sa forme, par la mention du prêt.

Le *mutuum* en Grèce a connu un développement plus considérable qu'en droit romain.

Alors que les jurisconsultes romains considèrent le prêt comme un contrat se formant *re*, l'obligation de restituer provenant de la remise faite de la chose prêtée. le droit grec traite le prêt comme un contrat consensuel. Dès lors toutes les créances peuvent prendre la forme de la promesse appelée δάνειον. Le prêt consensuel peut en effet recevoir des applications multiples.

1º être un prêt réel, et entraîner le remboursement des sommes réellement versées.

2º être un prêt apparent et servir à présenter comme prêt une date antérieure motivée par les opérations de la vie journalière.

En Egypte, où le prêt δάνειον a été pratiqué largement, entre autres par les Macédoniens établis dans la vallée du Nil, il servit dès une époque ancienne à réaliser la vente à terme. Le droit égyptien ne connaissait que la vente accomplie par tradition de la chose et versement immédiat du prix. Si le paiement du prix d'achat était différé, l'acquéreur se reconnaissait débiteur en vertu d'un prêt d'une somme égale au montant du prix d'achat.

Ce prêt fictif était rendu d'usage courant grâce à l'emploi des écrits privés, les χειρόγρα. Longtemps confondus avec les συγγραφάι, il est établi aujourd'hui que les chirographa avaient une rédaction sous la forme subjective : le débiteur reconnaissait devoir, en parlant à la première personne. Les syngraphae ne mentionnaient la dette que d'une manière impersonnelle : « un tel doit à un tel (1). L'emploi de l'écrit grec avait l'avantage sur les formes romaines de n'exiger en aucun cas la présence des parties.

Quel était le rôle de l'écrit grec qui constatait ce δάνειον ? Sans doute l'écrit par lui-même n'avait qu'une force probatoire, mais le plus souvent il se terminait par cette formule équivalente de la stipulation :

1. Egon Weiss, *Griekisches Privatrecht*, p. 431, rem. 8 ; Girard, *Manuel*, 6ᵉ éd., p. 510-511 et la littérature indiquée, p. 511, n. 1 ; P. M. Meyer, *Klio*, 6, 422.

ἐπερωτηθείς... ὡμολογἠσα, et alors l'acte prenait un caractère obligatoire (1).

L'écrit avait un caractère abstrait malgré sa forme concrète faisant allusion à un contrat de prêt. Le prêt était un moyen de marquer la volonté du débiteur de payer, sans faire mention de l'opération matérielle qui avait engendré cette dette. Il protégeait toutefois le débiteur au cas où l'acte n'aurait été qu'un faux : le débiteur pouvait toujours faire la preuve contraire de l'affirmation contenue dans l'écrit. Le fondement indiqué dans l'écrit restait toujours un élément dans la lutte judiciaire ; la preuve était seulement renversée : le débiteur devait, s'il voulait échapper aux poursuites, détruire le titre invoqué par le créancier (2).

Le caractère abstrait de ces actes écrits ressort encore de la forme employée en droit égyptien. Révillont (3) en effet constate que le contrat de prêt égyptien avait une forme générale et presque générique. Il ne disait pas : « Tu m'as prêté telle somme » mais « Tu as action sur moi pour telle somme ». L'idée de créance y était dominante, et il convient d'appeler ces actes non des actes de prêt, mais des actes de créance.

Le Préteur romain voyait se pratiquer entre péré-

1. Mitteis, *Zeitschrift für Privat-und Offentliches Recht der Gegenwart*, 17, 571 et Mitteis und Wilcken, II, 1, p. 117.

2. Nous prenons ici position dans une controverse très vive qui sépare Mitteis et Wilcken, p. 116. — Cuq, *Manuel*, p. 425 ; Riccobono, *Z. S. S.*, 43, 395 ; De Ruggiero dans *Studi Perozzi*, 381, et d'autre part Gneist suivi par Brandileone, *Mem. della R. Acad. di Bologna*, 27 avril 1920 : *sulla supposta obligatio litterarum nell'antico dir. greco*. Les chirographa étaient abstraites, mais leur forme était concrète : il était possible d'en détruire les effets par la preuve contraire, cf. particulièrement Pap. Paris, nᵒ 8 (inscription d'Orchomène).

3. Révillout, *Les Obligations en droit égyptien*, p. 66.

grins ce δάνειον ; ils faisaient usage de ces actes écrits auxquels fait allusion Gaius III. 134., et que rappelle le texte du faux Asconius. in Verr. 2. 1. 36. 91. (éd. Strangl. 1912, p. 244) (1). Les Romains possédaient le contrat *litteris* dont la désuétude se produisit en même temps que disparaissaient les livres de comptes qui le constataient et dont l'usage cadrait avec l'économie de l'ancienne famille romaine très fermée. Ce fut sans doute la crise économique qui se place après la mort d'Alexandre Sévère (235 après J.-C.) qui causa cette disparition. Quand aux chirographa et aux syngraphae ils ont survécu dans le monde romain même à la constitution de 212 de Caracalla, accordant à tous les pérégrins, sauf les déditices, la cité romaine (2).

Tout nous porte à croire que le Préteur se serait inspiré de l'idée du δάνειον fictif, comme moyen de rendre obligatoires les créances les plus diverses dont on promettait le paiement et d'introduire en droit romain la notion d'engagement émanant du débiteur. Sans doute il n'a pas introduit ou acclimaté en droit romain l'acte écrit obligatoire ; une telle réforme profonde et contraire aux pratiques romaines ne pouvait être son œuvre. Elle importait assez peu d'ailleurs, le Préteur ayant sanctionné le principe de l'engagement du débiteur qui donnait l'assurance que la dette serait payée.

8. De l'exemple que lui offrait le droit grec le Préteur a retenu surtout :

1. Egalement Cicéron, *Ad Att.*, VI, 1, 15.
2. *Contra* : Girard, *Manuel*, 6ᵉ éd., p. 511.

1º que l'acte grec appelé δάνειον était une manifestation de la volonté du débiteur.

C'était un procédé tout à l'opposé de la stipulation, où le créancier créait le rapport de droit et se ménageait la sanction. Ici au contraire le débiteur s'engage directement.

2º que l'acte était libre de formes solennelles.

3º que l'acte, même abstrait, permettait au débiteur de se défendre. Il rappelait un peu le mécanisme de la preuve dans la stipulation : celle-ci non plus n'était abstraite que parce qu'elle dispensait le créancier de toute preuve relative à la cause de sa créance. Mais l'exception de dol restait ouverte au débiteur et elle était le moyen d'éviter les abus auxquels une créance abstraite d'une façon absolue pouvait mener, si le créancier était un malhonnête homme.

Aussi dans le constitut figure la mention : *qui pecuniam debitam constituit.*

4º que l'acte intervenait à propos de dettes à terme et c'est pourquoi il avait en droit gréco-égyptien le caractère d'un prêt. Mais le préteur n'a pu accréditer l'idée même du prêt fictif. Le prêt romain fut toujours un contrat *re.* Gaius III 90-D 44.7 *de obligationibus et actionibus* 1. 2 (Gaius). Et l'élément réel y était prépondérant au point d'entrer en conflit avec la stipulation qui souvent accompagnait le *mutuum.*

Dans le droit classique si la stipulation était concomitante à la remise de la somme prêtée, celle-ci servait de *causa antecedens,* Ulpien 46 *ad Sab.* D 46-2 *de duobus reis constituendis.* 6. 1

« *cum pecuniam mutuam dedit quis sine stipulatione et ex continenti fecit stipulationem, unus contractus est ;*

idem erit dicendum et si ante stipulatio facta est, mox
pecunia numerata sit, et aussi *Pomponius* 24 *ad Sab.*
D. 46.2.7 (1).

Si elle intervenait après que la numération des deniers avait eu lieu, la stipulation avait une existence
séparée, mais non distincte de l'obligation réelle. Elle
avait un effet novatoire. Dans ce cas il pouvait se
faire que la stipulation fût nulle, par suite d'un vice
de forme : alors l'action *certae creditae pecuniae* ne
pouvait être donnée. C'est ce qu'a fait ressortir M. Segrè
dans l'analyse approfondie du texte fort discuté D.
45.1.12.2. Paul. *de verborum obligationibus* (2). Justinien en vue d'aider le créancier a construit au cas de
stipulation *ex continenti* un contrat mixte à la fois *re*
et *verbis*.

Si la stipulation est nulle, le contrat tient parce que
contrat réel (D. 12.1 *de rebus creditis* 9.3 et 4. Ulpien).
Si la stipulation est valable le contrat vaut comme
contrat verbal. Enfin au cas de stipulation *ex intervallo*
la stipulation aura un sens accessoire et l'*animus no-*
vandi (inconnu du droit classique) détermine la volonté
des parties. En tous cas la *condictio* subsiste si la stipulation est inopérante.

L'utilité du constitut en matière de dette à terme
ressort d'ailleurs du fait qu'avant l'échéance le créancier ne pouvait exercer son droit ni se défendre contre

1. D. 46.2.7. *Pomp.* 24 *ad Sab. cum enim pecunia mutua*
data (sc. eandem) stipulamus, non puto obligationem numera-
tione nasci et deinde eam stipulatione novari, quia id agitur ut
sola stipulatio teneat, et magis implendae stipulationis gratia
numeratio intellegenda est fieri.

2. SEGRÈ, *Mutuo e stipulatio nell diritto romano classico e*
nell diritto giustinianeo (Studi in onore di Simoncelli, 1917
331-364).

une insolvabilité possible du débiteur. L'obligation à terme prend naissance tout de suite comme une obligation pure et simple, mais son objet est différent. La promesse de donner 100 dans un an ne comporte pas actuellement un capital de 100. Si donc le créancier réclamait 100 avant l'échéance, il commettait une *plus petitio*. Papinien lui-même (donc au iiie siècle admit encore ce principe dans toute sa rigueur pour les obligations ayant pour objet un *facere*. D. 45.1.124 (1).

L'hypothèse est celle d'un contrat de construction d'immeuble avec un entrepreneur. Un délai de deux ans a été fixé. Il appert avant l'expiration du délai que le travail ne sera pas achevé. Le droit du créancier ne s'ouvre pas et « l'état de la stipulation qui a été soumise à un terme certain n'est pas modifié après coup ».

Ce n'est que dans les contrats de bonne foi que Papinien raisonne moins étroitement et ne s'attachant plus à la rigueur logique de la pensée, il admet que le créancier peut agir avant l'échéance sous forme de demande de caution pour le garantir de tout dommage éventuel (2). Evidemment il ne peut admettre que le créancier exige la somme avant l'échéance.

L'hésitation si longue dans l'octroi de moyens con-

---

1. D., 45, 1, *de verborum obl.*, 124 : Papinien, *Insulam intra biennium, illo loco aedificari spondes. Ante finem biennii stipulatio non committitur, quamvis reus promittendi non aedificaverit, et tantum residui temporis sit, quo aedificium extrui non possit : neque enim stipulationis status, cuius dies certus in exordio fuit, ex post facto mutatur.*

2. D. 5.1 *de iudiciis ubi quisque agere* 41 Papinien. *In omnibus bonae fidei iudiciis, cum nondum dies praestandae pecuniae venit, si agat aliquis ad interponendam cautionem, ex iusta causa condemnatio fit.*

servatoires au créancier à terme explique, il me semble; l'utilité du constitut pour le créancier. Le débiteur affirmait qu'il paierait car l'argent serait disponible.

Le Prêteur a ainsi introduit en droit romain le pacte de constitut sous cette forme d'engagement de payer et à propos de la dette à terme. Mais cette forme d'engagement qui révèle comme le δάνειον consensuel la volonté du débiteur de payer allait, parce que suffisamment abstraite, permettre la sanction de la créance primitive même, et nous verrons pour le pacte de constitut, les mêmes applications que celles qui furent usitées en Grèce et en Egypte : promesse de payer une dette quel que soit son fondement, promesse de payer à autrui, ou pour autrui, cautionnement.

9. Il n'est pas inutile de rappeler que le papyrus Par. 7 (éd. Brunet de Presle) revu par Wilcken (Mitteis et Wilcken, n° 225) signale l'emploi du δάνειον fictif, dans une hypothèse absolument identique à celle rappelée par Ciceron. *Pro Quinctio*.

« Le père d'Asklepias devait au père d'Harsiesis quatorze mesures de blé ; les parties contractantes sont mortes. Le papyrus décrit l'engagement de la fille du débiteur vis-à-vis du fils du créancier ». Le cas rapporté par Cicéron est le même, et cette ressemblance ne peut que confirmer le rôle identique du δάνειον et du constitut.

Le papyrus de Berlin B. G. U. 189 éd. Viereck (Mitteis et Wilcken, 226) se présente lui sous une forme telle qu'il laisse croire à un δάνειον, à propos du prix d'achat d'un mulet : le débiteur reconnaît devoir de l'argent au créancier et en même temps achète un mulet à ce même créancier. Mitteis croit qu'il y a corrélation entre les deux faits, le δάνειον représentant le prix d'achat non payé.

CHAPITRE IV

ANALYSE DU CONSTITUT
LES CONTRATS QUI LUI SERVENT DE BASE

1. Le constitut n'est pas un contrat. — **2.** Le constitut n'est pas un pacte. — **3.** Parallèle avec la stipulation. — **4.** Eléments du constitut. — **5.** Le constitut de la dette conditionnelle. — **6.** Le constitut de la dette naturelle. — **7.** — Le constitut de la dette alternative.

Reprenons la définition que nous croyons pouvoir assigner au constitut : *constituere creditori* c'est donner l'assurance au créancier que la dette sera payée. Primitivement le débiteur ne cherchait pas à obtenir par ce moyen un délai : le paiement allait se faire au jour même prévu par le contrat préexistant.

1. Le constitut ne fut jamais un contrat. Il était l'œuvre du Préteur. Or celui-ci était plutôt versé dans l'administration, dans la diplomatie ou dans l'art militaire que dans la pratique et surtout dans la théorie du droit privé (1). Sa charge de peu de durée n'était qu'une étape dans sa carrière administrative. Le droit, il ne le connaissait pas toujours comme l'atteste Cicéron (2).

1. Cf. Jörs., *Geschichte und System des römischen Privatrechts.* Berlin, 1927, p. 239 ; Wlassak, *Die klassische Proressformel, mit Beiträgen zur Kenntnis des Juristenberufs in der klassischen Zeit.*, p. 19.
2. Cic., *Pro Plancio*, 25, 62 ; *De legibus*, 3, 20, 48 et *N. R. H.* H. Levy-Bruhl, *Prudent et préteur*, 1926, p. 22.

2. Le constitut est communément appelé un pacte prétorien.

Il faut rejeter cette dénomination parce qu'elle est susceptible de déformer le constitut. Les pactes n'étaient pas les conventions en général, sinon tout accord de volonté de deux ou plusieurs personnes en vue de produire un effet juridique aurait été sanctionné en vertu des paroles de l'édit : *pacta conventa servabo*. Les pactes, selon la théorie jadis émise par Manenti (*Studi Senesi*. 7, p. 251) et aujourd'hui défendue à nouveau avec une autorité particulière par le même auteur (*Studi Senesi*. 31, p. 203-255) étaient les accords de volonté entre celui qui avait une action et celui contre qui cette action serait donnée, en vue de modifier, réduire ou éluder en tout ou en partie l'effet de l'action première.

La théorie de Manenti explique seule le peu d'étendue des pactes qui n'ont d'effets qu'entre les parties contractantes. Elle envisage de plus le pacte sous son vrai jour, l'aspect procédural. C'est même ce qui porte Manenti à soutenir que le titre de l'Edit aurait été « *de pactis conventis* » et non pas « *de pactis et conventionibus* » comme l'a proposé M. Lenel. Il rappelle d'ailleurs les expressions : *exceptio pacti conventi, pacta conventa* et la phrase de Cic. pro Caec. *pacti conventi formula*.

Les pactes engendraient des exceptions : ils servaient au défendeur. Le Préteur disait : *pacta conventa servabo* et par là il marquait son respect pour les conventions ainsi conclues. (Cf. Gaius II.55. *servare promissa, servare leges, observatio sacrorum summa*.)

En matière de constitut, cependant le Préteur intervenait d'une manière plus directe, au moyen de l'*actio in factum* dont nous étudierons les particularités au chapitre VI.

3. Il y avait bien la stipulation, qui elle non plus ne fut jamais un contrat spécial, mais une forme obligatoire. Le débiteur ne pouvait-il, faisant usage de la stipulation, donner au créancier l'assurance du paiement ?

Il faut se rappeler les exigences de formalisme qui ont caractérisé la stipulation. C'était une demande et une réponse concordantes. Elle était verbale, exigeait la présence des deux parties.Gaius III.138. La question vint à se poser un jour de la validité de la stipulation où ne figurerait pas l'interrogation préalable, principalement lorsque l'usage de la *cautio* fut établi. On déclara que la demande du créancier était présumée. Paul. Sentences V.7.2 D. 2.14 *de pactis*, 134.2. La stipulation portant sur une somme moindre que celle qui était réclamée était nulle. Gaius III.102.

Il y eut un assouplissement progressif qui trouva sa consécration sous Justinien : termes plus libres, emploi de langues différentes, admission de la stipulation à concurrence de la somme promise, même inférieure au montant de la dette D. 45.1.1.4 (texte interpolé, il en est autrement dans *Institutes*. 3.19.5 qui est une transcription passée inaperçue de Gaius III.102) efficacité reconnue à la *cautio*, si elle mentionnait la date et le lieu du contrat (la présence des parties étant présumée à moins que le débiteur n'invoque une preuve d'alibi, savoir : la présence d'un des contractants dans une *civitas* autre que le lieu mention né) C. 8.37.14.2 et *Institutes* 3.19.12.

A . Philippin   4

De plus, la stipulation avait en droit classique une
fonction novatoire, fonction automatique et attachée
à la forme même de la stipulation.

4. Le constitut était une institution beaucoup plus
souple, affranchie des entraves du formalisme. Quels
en sont les éléments ?

Le consentement y a joué un grand rôle. En effet,
nous savons que le constitut était une promesse sans
formalités déterminées. L'élément volonté devait dès
lors acquérir une prédominance grande, un peu comme
en droit moderne. Le fragment 31 de notre titre (1) analyse le cas où le dol a pu vicier la volonté du constituant. P. Maevius a été induit en erreur par les héritiers de Seius qui, lui faisant accroire qu'il est héritier
de Lucius Titius, leur débiteur décédé, obtiennent de
lui un engagement par constitut de payer la dette
héréditaire. Il y a dol, le constitut n'est point valable.
Il est vrai que d'autre part, il n'y a pas dette héréd-
taire ; Maevius n'étant pas héritier, n'a pu vouloir
constituer une dette qui ne lui incombe à aucun titre.

1. D. 13.5.31. Scaevola. *Lucius Titius Seiorum debitor
decessit ; hi persuaserunt Publio Maevio, quod hereditas ad eum
pertineret, et fecerunt, ut epistolam in eos exponat, debitorem
sese esse, quasi heredem patrui sui confitentem ; qui et addidit
epistolae suae, quod in rationes suas eadem pecunia pervenit ;
quaesitum est quum ad Publium Maevium ex hereditate Lucii
Titii nihil pervenerit, an ex scriptura proposita de constituta
pecunia conveniri possit, et an doli exceptione uti possit ? Respondit nec civilem eo nomine actionem competere, sed nec de
constituta secundum ea quae proponerentur....* — M. Beseler,
Beiträge, I, p. 56, relève comme étant d'un style impur l'expression *addidit quod* dans le sens de : il ajouta la mention
suivante : *dicere quod* est selon lui presque toujours interpolé.
M. Beseler, *Beiträge*, IV, 116, admet que *epistola* a le sens
de lettre, comme de nos jours, et cela grâce au contexte. — Cfr.
Vocabularium Iurisprudentiae Romanae, article *epistula*.

Un autre paragraphe, D. 13.5.1.4 exige plus qu'un
consentement libre et éclairé : il faut que le débiteur
constituant ait eu la volonté de faire un constitut et
non tout autre contrat ; la stipulation nulle par suite
d'un vice de forme ne peut être interprêtée comme un
constitut (1) .

Qui pouvait faire un constitut ?

Le D. 13.5.1.1 interprétant les termes de l'édit :
qui pecuniam debitam constituit, déclare que la femme
peut faire un constitut, si toutefois elle n'intercède
pas pour autrui. Puis les §§ 2 et 3 autorisent le pupille
assisté de l'*auctoritas* de son tuteur (2), et enfin le fils
de famille à constituer une dette préexistante. Mais
comme le fils de famille prend un engagement qui inté-
resse son pécule, le père sera en outre tenu *de peculio*.

A qui l'action du constitut profitait-elle ?

1. D. 13.5.1.4. *Eum qui inutiliter stipulatus est, cum stipulari
voluerit, non constitui sibi dicendum est, de constituta experiri
non posse, quoniam non animo constituentis, sed promittentis
factum sit.*

Le texte peut-être suspecté : *quoniam — factum sit* n'est pas
d'Ulpien.

Une reconstitution en a été tentée dans Z. S. S., 1927, p. 358.
*Eum, qui <pecuniam sibi debitam> inutiliter stipulatus est,
[cum stipulari voluerit non constitui sibi] dicendum est, <hac
formula> [de constituta] experiri non posse, [quoniam — sit].*
Il faut remarquer en effet que l'action du constitut est désignée
ici d'une façon incorrecte : *de constituta*. L'expression est
toujours complétée en droit classique : *de constituta pecunia.*

2. D. 13.5.1.2. *De pupillo, etsi nihil sit expressum Edicto,
attamen sine tutoris auctoritate constituendo non obligatur.*

Ce § 2 s'étonne, à tort, de ce que l'édit n'a pas parlé du
pupille. L'édit était général : *qui pecuniam debitam constituit.*
Les développements du fragm. 1 ne sont qu'un commentaire,
souvent remanié : cf. *etsi... attamen,* BESELER, *Beiträge,* IV,
128 et GUARNERI-CITATI, 12, 36.

M. BESELER (IV, 128) propose la simplification suivante à
notre § : <*Pupillus*> [*De pupillo etsi nihil sit expressum edicto,
attamen*] *sine tutoris auctoritate constituendo non obligatur.*

Elle appartenait au père de famille ou au *dominus servi* lorsque le fils de famille (D. 13.5.7) (1) ou l'esclave (D. 13.5.5.10) (2) ou même le *bona fide serviens* (D. 13. 5.6) (3) avait reçu constitut du débiteur. C'était le jeu normal du principe que les personnes en puissance servent d'instrument d'acquisition.

Mais le constitut fait au tuteur du pupille, au syndic d'une cité, au curateur d'un fou donnait lieu directement à l'action au profit des représentés. D. 13.5.5. 7 (4) et D. 13.5.5.9 (5). Le Préteur en ces cas leur donnait une action utile.

C'est une modification importante, introduite par la jurisprudence, de la règle romaine de la non représentation. Celle-ci fut admise d'abord au sujet des actes posés par les tuteurs (Cf. D. 26.9.8. Scaev. et 26.9.2 Ulpien). Le D. 13.5.5.9 en consacre l'extension au curateur du fou, du mineur de 25 ans, de l'*actor* d'un municipe. Par contre, le *procurator* reste toujours un administrateur qui, s'il reçoit un constitut, en doit compte à son mandant. D. 13.5.5.6 (6).

1. D. 13.5.7 : Ulpien. *Sed et si filiofamilias constituatur, valet constitutum.*
2. D. 13.5.5.10. Ulpien : *Servo quoque constitui posse constat ; et si servo constituatur, domino solvi vel ipsi servo, qualemqualem servum domino acquirere obligationem.*
3. D. 13.5.6. Paul : *Idem est, et si ei qui bona fide mihi servit, constitutum fuerit.*
4. D. 13.5.5.7. Ulpien : *Item tutori pupilli constitui potest, et actori municipium, et curatori furiosi.*
5. D. 13.5.5.9. *Si actori municipium, vel tutori pupilli, vel curatori furiosi, vel adolescentis ita constituatur : municipibus solvi, vel pupillo, vel furioso, vel adolescenti, utilitatis gratia puto dandam municipibus, vel pupillo, vel furioso, vel adolescenti utilem actionem.*
6. 13.5.5.6. Ulpien : *Julianus libro undecimo Digestorum scribit, procuratori constitui posse : quod Pomponius ita interpretatur, ut ipsi procuratori constituas te soluturum, non domino.*

Le constitut ne requérait aucune formalité déter-
minée : il avait lieu par lettre (D. 13.5.5.3 ; h. t. 24,
26 et 27) entre absents et par messages. D. 13.5.14.3 (1)
Une personne libre pouvait, nous dit Paul (D. 13.5.15)
être l'intermédiaire, en matière de constitut : *quia
ministerium tantummodo hoc casu praestare videtur.*

L'objet du constitut fut à l'origine une *pecunia.*
L'édit portait « *qui pecuniam debitam constituit.* On a
voulu faire une distinction entre *pecunia debita* et
pecunia credita, entre l'argent que doit un débiteur
et celui auquel peut prétendre un créancier.

On a argué en effet que primitivement le constitut
aurait visé uniquement la *pecunia credita.* C'est possible étant donné la parenté qui unit l'action de constitut et l'action *certae creditae pecuniae* sanction du
mutuum. Rigoureusement il n'y a pas de distinction à
faire entre les deux expressions, ainsi qu'en témoigne
Gaius III.124 (2). Peut-être faut-il interpréter les
mots *pecunia debita* comme un rappel de l'élément le
plus important du constitut : l'obligation préexistante.

Cette obligation qui sert de fondement au constitut
les textes l'appellent *debitum, res, causa.* L'obligation
première limitait d'ailleurs le montant du constitut qui
valait pour la somme exprimée, si elle était égale à la

1. D. 13.5.14.3. Ulpien : *Constituere autem et praesentes,
et absentes possumus, sicut pacisci et per nuntium, et per nosme-
tipsos, et quibuscunque verbis.*
2. GAÏUS, III, 124 : *Pecuniam autem creditam dicimus non
solum eam, quam credendi causa damus, sed omnem, quam tum
cum contrahitur obligatio, certum est debitum iri, id est quae sine
ulla condicione deducitur in obligationem.*
Sur le sens général de *debere* voir HAGERSTRÖM, *op. cit.,*
p. 597-599.

somme due ou moindre qu'elle. D. 13.5.11.1 (1). Si l'on fait constitut d'une dette de deux cents alors que cent seulement sont dus, le constitut n'est valable que pour cent. Par contre (D. 13.5.13) (2) il est permis de promettre par constitut dix alors que la dette est de vingt.

Il convient de ne pas se laisser égarer par l'emploi du mot *causa*. En matière de constitut il n'est pas question de cause finale, déterminante, de but, comme en droit civil français. Il faut seulement un fondement juridique à l'acte qu'est la promesse unilatérale de constitut (3).

1. D. 13.5.11.1. Ulpien : *Si quis centum < aureos > debens ducentos constituat, in centum tantummodo tenetur, quia ea pecunia debita est. Ergo et is, qui sortem et usuras quae non debebantur constituit, tenebitur in sortem dumtaxat.*

2. D. 13.5.13. Paul : *Sed si quis viginti debens decem constituit se soluturum, tenebitur.*

Nous écartons le fragment 12 à notre titre (Paul), il a rapport en effet au *receptum* : il porte sur une autre chose que de l'argent ou une chose fongible. *Contra* : KARLOWA, *Römische Rechtsgeschichte*, I, p. 758-759.

3. M. CAPITANT, dans son livre *De la Cause des Obligations*, p. 104-105 (éd. 1923), a consacré quelques pages au pacte de constitut en droit romain. L'auteur assimile le constitut à la promesse du droit moderne de payer une dette préexistante, et p. 106 il constate ce qui suit : « l'élément nécessaire à la « validité de ce pacte c'est l'existence d'une dette antérieure. « Sans obligation préexistante, il n'y a pas de constitut. Cette « dette est la cause de la nouvelle obligation contractée par « le débiteur... » et il ajoute : « pourtant pas plus ici qu'ailleurs, « les jurisconsultes romains n'insistent sur cette idée que la « dette préexistante est la cause du nouvel engagement né « du constitut ». Ces paroles sont parfaitement exactes si l'on entend par cause, la cause efficiente et non la cause finale. La pensée de M. Capitant est cependant bien qu'il s'agissait de cause finale. Il a dit en effet, p. 104 que « dans les pactes préto- « riens rien ne vient plus dissimuler l'importance du *but* pour- « suivi, car il n'y a ici aucun formalisme », et encore « cette « notion de cause (finale) apparaît avec toute son importance « dans les pactes prétoriens, au premier rang desquels il faut « placer le constitut ».

M. Capitant lorsqu'il analyse (p. 61), en droit français, la

Le D. 13.5.1.6 nous dit que le constitut valait pour
assurer un paiement quelle que fut la cause de l'obligation primitive. Toutefois ce texte a été remanié :
d'abord il formule d'une façon trop générale le principe
du constitut de la dette *ex omni causa* ; il apparaît
nettement comme un texte récrit. Puis il ajoute qu'il
importe peu que l'objet de la dette soit certain ou in-
certain, *sive certi, sive incerti*. Le constitut n'a jamais
dû se rapporter à une obligation incertaine. Il a les
mêmes exigences que la *condictio* qui a pour base la
notion du *certum*. Notre texte, comme d'ailleurs tout
le D. 13.5.1, porte des traces de remaniements qui
proviennent des écoles d'Orient. Il est de plus en opposition formelle avec l'exigence du droit classique : le

promesse de payer définit mieux son point de vue de cause
finale : « la cause de la promesse de payer (au cas où il n'y a pas
« novation)... réside dans l'obligation antérieure, en ce sens que
« le signataire (du billet à ordre) a pour but d'éteindre cette
« obligation » — Vraie sans doute en droit moderne cette théorie
ne peut trouver de point d'appui en droit romain. Le constitut
n'est pas un véritable contrat : il est un fait, l'assurance donnée au créancier que la somme due sera payée ; il engendre au
profit du créancier une action nouvelle qui coexiste avec la
première et qui de plus étant prétorienne, n'aura pas d'effet
direct sur l'action primitive, action civile.

Il est dangereux de parler de la cause en droit romain avec
le sens que nous lui attribuons aujourd'hui. De nos jours la
cause surtout comme élément de validité des obligations est
un correctif à la liberté des contrats. Le droit romain ne pouvait pas connaître cette notion de cause, la liberté de con-
tracter y étant exclue par les catégories de droits et d'actions
qui régissaient le droit. La cause fut pour les Romains un
tempérament apporté au formalisme au nom de l'équité par
le Préteur ; et ses extensions jurisprudentielles qui seules
pourraient se rapprocher de la notion de cause finale sont
basées sur des motifs de procédure.

Voir note de M. Cuq, *Manuel des Institutions*, p. 919-920
(2ᵉ éd., 1928) qui adopte les idées émises pour la première fois
par MM. Collinet et Giffard, *Précis de droit Romain* (Dalloz), p. 102.

constitut doit porter sur une pecunia ou sur une chose qui se compte, se pèse ou se mesure. L'exemple du constitut pris dans l'œuvre de Cicéron *pro Quinctio* rejette également cette possibilité de constitut d'une dette incertaine. Il a fallu, en effet, avant que P. Quinctius ait pu faire un constitut aux héritiers de Scapula que le montant de la dette ait été fixé : il s'agissait d'une question de change, la dette étant comptée en monnaies gauloises (1) (2).

Ce que le D. 13.5.1.6 énonce d'une façon peut être trop générale aux contrats et fausse pour le constitut d'une dette incertaine, le D. 13.5.29, l'applique aux obligations résultant de délits : les dettes nées par suite de vol, d'injures, ou consécutives à l'action *vi bonorum raptorum*, peuvent servir de fondement au constitut.

Le constitut valait aussi quelle que fut la nature de l'obligation première : obligation civile ou prétorienne.

Il convient de reproduire le texte qui vrai dans l'ensemble contient néanmoins des traces de remaniements.

D. 13.5.3. 1. Ulpien. *Si quis autem constituerit quod iure civili debebat, iure praetorio non debebat [id est per exceptionem]* (Eisele, Krüger) *an constituendo (?) teneatur quaeritur : et est verum, ut et Pomponius scribit,*

---

1. D. 13.5.1.6. Ulpien : *Debitum autem ex quacumque causa potest constitui, id est ex quocumque contractu sive certi, sive incerti, et si ex causa emptionis quis pretium debeat, vel ex causa dotis, vel ex causa tutelae, vel ex quocumque alio contractu.*

D. 13.5.29. Paul : *Qui iniuriarum, vel furti, vel vi bonorum raptorum tenetur actione, constituendo tenetur.*

2. Nous n'avons trouvé aucune suspicion concernant le *sive certi, sive incerti,* dont l'interpolation est pour nous certaine.

*eum non teneri, quia debita [iuribus] non est pecunia
quae constituta est.*

M. Beseler, *Beiträge* IV.128. suggère avec raison que
le mot *constituendo* fut introduit à la période post
classique : le texte aurait fait allusion à la formule et
donc il aurait porté par ex. *ex hac formula. Id est per
exceptionem* a été suspecté par Eisele Z.S.S.18, 39.
Wlassak. *Ursprung des Römischen Einrede.* 47 et
Levy. *Konkurrenz* I, p. 225, n° 4. *Iuribus* enfin est le
signe d'une époque où *ius civile* et *ius praetorium*
étaient mis sur le même pied. Cette expression ne peut
avoir été employée par Pomponius. Cf. Frese. *Viva vox
iuris civilis* (1). Mais l'ensemble du texte se comprend
fort bien : le Prêteur ne pouvait donner efficacité à
une convention ou à un engagement qui se trouverait
paralysé par un moyen de défense édicté par lui-même.

Une dette à terme pouvait être le point de départ
d'un constitut. C'est même selon nous l'origine du
constitut. Notons ici que nous ne comprenons pas la
note 4 de M. Cuq *Manuel* p. 512, où le savant professeur remarque l'antinomie entre le D. 13.5.3.2 (opinion de Labéon concernant l'origine du constitut) et
le C. 4.18.2. « Il y a là, dit-il, pour l'histoire du consti-
« tut, une difficulté non encore résolue. » La constitution
de 531 au code déclare seulement qu'il y a eu doute,
et elle associe dans la même hésitation le terme et la
condition. Outre que ce rapprochement est l'œuvre
de Justinien, il est utile de dire que la constitution ne
fait que rappeler une controverse qui a peut-être existé
au sujet de la condition seule.

1. Z.S.S. 1926, p. 540 et s.

5. Le constitut d'une dette conditionnelle était-il possible ? Le texte de Paul qui nous donne une réponse affirmative (D. 13.5.19 pr.) est d'une époque où la condition ne tient plus que la demande en suspens, le droit étant né, cf. Paul D. 45.3.26. Il est à remarquer qu'un texte de Labéon D. 23.3.80 (1) indique qu'au temps d'Auguste l'effet de la condition était de suspendre la naissance même de l'obligation. Ce fragment prévoit le cas où un débiteur de la femme s'est engagé par promesse envers le fiancé ; la femme peut, au mépris de la convention de dot, avant le mariage, dire au débiteur. « Payez-moi la somme promise ». Le contrat entre le débiteur de la femme et le fiancé est inexistant. Javolénus qui rapporte cette opinion se hâte de la corriger : l'obligation du débiteur de la femme existe, dit-il, mais elle est soumise à la condition du mariage.

6. Nous avons réservé pour la fin le constitut d'une obligation naturelle.

Peut-on parler à l'époque classique d'obligations naturelles ? Il ne semble pas. Il existait seulement des rapports naturels, et nous entendons par là surtout les rapports de droit des esclaves avec les tiers, ceux qui naissent entre les personnes soumises à une même autorité d'un paterfamilias, ceux qui résultent des actes des pupilles faits sans l'assistance du tuteur.

Ces rapports les jurisconsultes classiques ont hésité

---

1. D. 23.3 : *de iure dotium* 80, tiré des *posteriora* de LABÉON : *Si debitor mulieris dotem sponso promiserit, posse mulierem ante nuptias a debitore eam pecuniam petere, neque eo nomine postea debitorem viro obligatum futurum, ait Labeo ; falsum est, quia ea promissio in pendenti esset, donec obligatio in ea causa est:*

à les qualifier du nom d'obligations. Ulpien définit le rapport de droit créé par l'esclave vis-à-vis d'un tiers. D. 15.1 *de peculio* 41. *Nec servus quicquam debere potest, nec servo deberi ; sed cum eo verbo abutimur, factum magis demonstramus quam ad ius civile referimus obligationem. Itaque quod servo debetur ab extraneis dominus recte petet, quod servus ipse debet, eo nomine in peculium et, si quid unde in rem domini versum est, in dominum actio datur.* L'esclave ne peut rien devoir, on ne doit rien à l'esclave. Mais nous faisons un abus de langage et nous employons le mot devoir, alors que nous désignons non pas l'obligation de droit civil, mais bien plutôt un simple fait.

Ulpien au D. 13.5.1.8 emploie le mot *obstrictus* pour parler de l'obligation naturelle. Il en est de même de Paul au D. 13.5.19.2.

Ayant fait cette remarque qui est de nature à restreindre déjà l'emploi général *d'obligatio naturalis* qui apparaît sous Justinien, nous pouvons nous demander si le § 7 au D. 13.5.1 n'est pas une phrase ajoutée par les compilateurs.

Le premier auteur qui ait mis en doute l'authenticité du D..13.5.1.7 est Kappeyne v. de Coppello *Abhandlungen* 242. Il y a depuis Baron *Krit. VJschr.*, 28.243. Pfersche *Grünhuts Z.* 14.175. Bertolini. *Appunti* 912 rem 4 hésite il est vrai et Arangio Ruiz *Genti e Citta* 39 penche pour l'authenticité.

Analysons ce passage (1). La phrase générale « *debi-*

---

1. D. 13.5.1.7. Ulpien : *Debitum autem vel natura sufficit* ; D. 13.5.1.8. Ulpien : *Sed et is, qui honoraria actione, non iure civili obligatus est, constituendo tenetur ; videtur enim debitum, et quod iure honorario debetur ; et ideo et pater et dominus de peculio obstricti, si constituerint, tenebuntur usque ad eam*

tum autem vel natura sufficit » demande une détermination quelconque. Le seul élément qui puisse servir à cette fin est le § 8 qui suit. Il traite du constitut au sujet de l'*actio de peculio*. C'est sans doute cette obligation résultant du pécule qui sert de base à l'affirmation que l'obligation naturelle peut être l'objet d'un constitut. Le § 8 présente une anomalie qui se remarque dès le premier examen : après avoir parlé du maître et du père, qui sont tenus *de peculio*, la fin du fragment emploie le singulier : *si suo nomine constituit*. Ulpien visait dans l'un et l'autre cas la même hypothèse. Pourquoi ce changement : d'abord un verbe au pluriel, puis le même verbe au singulier. Quel était le sujet de ces verbes ?

Si nous passons au D. 13.5.2., nous y voyons un texte de Julien : les compilateurs nous transmettent un fragment qui présente des analogies avec le D. 13.5.1.8 : si le père a promis au nom de son fils de payer 10 alors que le pécule ne comporte que 5, il sera tenu de payer 10 (1).

Les deux textes prévoient un cas d'obligation *de peculio* ; dans le premier, le constituant s'engage au delà du pécule, il n'est pas tenu. Dans le deuxième cas, il est tenu. Mais la première fois il agissait *proprio nomine*, la seconde intervention est faite *filii nomine*. Pourquoi le deuxième texte ne parle-t-il pas de l'obligation de l'esclave ? parce que sans doute le fils

quantitatem, quae tunc fuit in peculio cum constituebatur ; ceterum si plus suo nomine constituit, non tenebitur in id, quod plus est.

1. D. 13.5.2. Julien : *Quodsi filii nomine constituerit se decem soluturum, quamvis in peculio quinque fuerint, de constituta in decem tenebitur.*

s'engage civilement à la différence de l'esclave. Dès lors le père s'il constitue au delà de la valeur du pécule est tenu parce qu'il a fait constitut d'une *pecunia debita*.

Reprenant maintenant le D. 13.5.1.8 qui est le cas d'application du « *debitum autem vel natura sufficit*, nous pouvons peut-être admettre les corrections suivantes au texte d'après M. H. Siber (1). « *Sed et is, qui honoraria actione <obstrictus> non iure civili obligatus est, constituendo tenetur : videtur enim debitum et quod iure honorario debetur : [et ideo et pater et] <quare ?> dominus de peculio [obstricti, si constituerint, tenebuntur] <obstrictus si constituerit, tenebitur> usque ad eam quantitatem, quae tunc fuit in peculio cum constituebatur ; [ceterum] si plus suo nomine constituit, non tenebitur in id quod plus est* (2).

Cette restitution du texte supprime l'anomalie signalée plus haut : *et pater et dominus si constituerint... si plus suo nomine constituit*. Elle a en même temps l'avantage de marquer la différence des deux hypothèses du D. 13.5.1.8 et du D. 13.5.2. Dans ce dernier texte le père constitue au nom de son fils qui s'engage civilement : il peut constituer au delà du pécule. Dans notre texte le maître ne peut constituer qu'en son nom et que jusqu'à concurrence du pécule de son esclave. Au delà il n'y a plus rien de dû.

Une autre preuve de l'impossibilité qu'il y a d'admettre qu'une dette naturelle ait pu servir de base à un

---

1. Heinrich Siber, *Naturalis obligatio* (Gedenkschrift für Ludwig Mitteis), 1926, p. 43.

2. *Et ideo*, voir A. Guarneri-Citati. *Indice delle parole frasi e costrutti ritenuti indizio di interpolazione nei testi giuridici romani*, 35, *ceterum*, A. Guarneri-Citati, 17.

constitut se trouve dans le D. 13.5.11.1 et dans le D. 13.5.24 (1).

Ce qui caractérise l'obligation naturelle, c'est que celui qui paye une dette naturelle ne peut en réclamer la restitution par *la condictio indebiti*.

Or il est de principe, en droit romain, qu'un simple pacte joint au *mutuum* est inopérant pour faire naître les intérêts : dès lors si le débiteur paye de son plein gré ces intérêts, il a acquitté une dette naturelle. Il n'aura pas la *condictio indebiti*.

Et pourtant le D. 13.5.11.1 dit : Celui qui doit 100, s'il constitue deux cents n'est tenu que pour 100 : car 100 étaient dus.

Mais celui qui fait un constitut portant sur une somme principale et sur des intérêts non dus (civilement) ne sera tenu qu'à concurrence de la somme principale. Et le D. 13.5.24 parlant d'une hypothèse semblable n'admet pas non plus qu'on puisse faire un constitut pour des intérêts qui n'ont pas été fixés par stipulation. D. 13.5.24. Une lettre adressée par Titius à Seius relate l'existence d'une dette payable aux ides de mars. Titius a ajouté qu'à défaut de paiement à l'échéance il donnerait tant à titre d'intérêts. Marcellus déclare l'engagement valable pour la somme principale et les intérêts, s'il y a eu stipulation. Sinon, la lettre vaut constitut mais jusqu'à concurrence de la somme principale seulement (2).

---

1. D. 13.5.11.1. Ulpien : *Si quis centum aureos debens ducentos constituat, in centum tantummodo tenetur, quia ea pecunia debita est ; ergo et is, qui sortem et usuras quae non debebantur, constituit, tenebitur in sortem dumtaxat.*

2. D. 13.5.24. *Marcellus Titius Seio epistolam emisit in haec verba : Remanserunt apud me quinquaginta ex credito*

Nous écartons donc la possibilité du constitut d'une
obligation naturelle en droit classique pour les motifs
que nous avons un seul texte de principe D. 13.5.1.8.,
texte remanié, et que les cas où l'on pouvait trouver
application de l'idée de constitut d'une obligation naturelle denient cette possibilité.

7. Une obligation pouvait être alternative. Quel
était l'influence du constitut qui avait pour fondement
pareille obligation.

A l'origine le pacte de constitut a porté uniquement
sur des sommes d'argent ; plus tard son objet pouvait
être des choses qui se comptent, se pèsent ou se mesurent. Or souvent il y a une chose en nature dans les
obligations alternatives.

Il en était ainsi déjà avant Papinien, qui nous parle
de l'influence du constitut sur l'obligation alternative.
L'intérêt de la question est le suivant : le débiteur a
promis du vin ou du blé ; il promet par constitut de
s'acquitter en fournissant du blé. Mais avant l'échéance
le blé augmente de prix, et le vin vient à baisser.

Le débiteur pourra-t-il malgré son engagement par
constitut, livrer du vin au lieu du blé? Le pacte de
constitut intervenant, la dette alternative composée
de deux objets est-elle devenue simple ? En d'autres
termes le constitut transforme-t-il l'obligation en une

*tuo ex contractu pupillorum meorum, quos tibi reddere debebo
Idibus Maiis probos ; quodsi ad diem suprascriptum non dedero,
tunc dare debebo usuras tot. Quaero, an Lucius Titius in locum
pupillorum hac cautione reus successerit ? Marcellus respondit,
si intercessisset stipulatio, successisse. Item quaero, an, si non
successisset, de constituta teneatur ? Marcellus respondit, in
sortem teneri ; (est enim humanior et utilior ista interpretatio.)*

obligation nouvelle, opère-t-il novation ? Non, car le constitut n'a pas un effet extinctif : l'obligation issue du constitut coexiste avec l'obligation ancienne.

Les textes sont formels : D. 13.5.28 (constitut émanant d'un tiers qui se porte caution). Lorsque quelqu'un promet de payer pour autrui, l'ancien débiteur reste obligé (1).

Ulpien D. 13.5.18.3 nous dit : « c'est depuis long-« temps un point douteux de savoir si le créancier à qui « l'on a fait un constitut, lorsqu'il agit en vertu de « l'action de constitut, éteint l'action primitive.

« Il est plus sûr de répondre « et *tutius est dicere* », « que c'est le paiement et non la *litis contestatio* qui « éteint la dette, parce que le paiement se réfère à « l'une et à l'autre obligation tandis que la *litis con-*« *testatio* ne se réfère qu'à l'une des obligations. » Donc même après le pacte de constitut l'autre obligation persiste (2).

Ulpien encore nous fait remarquer la coexistence de l'action de constitut et de l'action ordinaire. « Si après « qu'on vous a fait un constitut relativement à l'argent « prêté, si vous restituez l'hérédité en vertu du S. C. « Trébellien, on vous refusera l'action de constitut « parce que vous avez transféré à autrui votre action. « Il en est de même s'il s'agit d'un possesseur d'hérédité « à qui on a fait un pacte de constitut et qui a été en-

---

1. D. 13.5.28. Gaïus : *Ubi quis pro alio constituit se solu-turum, adhuc is, pro quo constituit, obligatus manet.*
2. D. 13.5.18.3. Ulpien : *Vetus fuit dubitatio, an, qui hac actione egit, sortis obligationem consumat ? Et tutius est dicere, solutione potius ex hac actione facta liberationem contingere, non litis contestatione, quoniam solutio ad utramque obligationem proficit.*

« suite évincé. » Pourquoi refuse-t-on dans la première partie l'action à celui qui avait fait un pacte de constitut : c'est qu'il n'est plus créancier. Mais alors ne doit-on pas dire que dès l'instant où celui qui a pris part au constitut ne peut plus agir, plus personne ne peut exercer l'action ? Le débiteur serait libéré ? Non il ne faut pas que le bénéfice de la créance soit perdu tout au moins pour le fidéicommissaire : l'action lui sera donc donnée, bien qu'il n'ait pas pris part au pacte, bien qu'il soit tiers relativement à cette convention.

Papinien indique aussi la différence entre la stipulation novatoire et le pacte de constitut. L'administrateur d'une cité s'est porté *expromissor* (ayant emprunté pour la cité), il a donc pris l'obligation *ex loco alterius*. Quelle sera la situation de cet administrateur quand il aura quitté ses fonctions (les administrateurs étaient élus pour 1 an ou pour 5 ans ?) Contre qui les créanciers de la cité peuvent-ils agir ? Papinien D. 50.8.4.2 (1) dit : « l'administrateur ne peut se soustraire à l'obligation qu'il a contractée parce que il y a novation ». Mais si au lieu de faire *expromissio* c'est à-dire novation régulière, l'administrateur avait fait pacte de constitut, il n'y aurait pas novation : en effet les créanciers pourraient toujours agir contre la cité à partir du jour où l'administrateur a quitté ses fonctions ; et pratiquement le successeur du magistrat en fonction sera tenu de l'action exercée par le créancier.

---

1. D. 50.8 : *De administratione rerum ad civitates pertinentium* 4.2. *In eum qui administrationis tempore creditoribus reipublicae novatione facta pecuniam cavit, post officium depositum, actionem denegari non oportet.*

Il peut être utile de rappeler qu'il y a une différence entre l'administrateur d'une cité et l'administrateur de biens d'un particulier (cf. Papinien D. 3.3.67). « Le mandataire qui vend un bien du mandant con- « formément aux instructions a engagé sa foi et, « bien qu'il ait cessé d'être gérant, il n'est pas relevé de « la charge de l'obligation, grâce à l'intervention du « préteur : « car le mandataire qui a contracté obliga- « tion pour le mandant refuse en vain de supporter « la charge de l'obligation. » Le mandataire d'un parti- culier reste obligé à côté du mandant : il y a deux débi- teurs au lieu d'un (1).

Le constitut n'a donc pas d'effet novatoire.

Revenons à notre point de départ : le rôle du consti- tut si la dette principale est une dette alternative.

Puisque le constitut n'a pas d'effet novatoire, la dette alternative n'est pas remplacée par une dette simple et rigoureusement le débiteur peut encore choisir. D. 13.5.25 pr. Papinien (2) : le débiteur d'une dette alternative a promis l'une des obligations par consti- tut. Conservait-il le droit de choisir encore ? Papinien répond qu'il ne faut point l'écouter, si aujourd'hui au mépris du constitut il entend payer l'autre dette.

1. D. 3.3 : *de procuratoribus et defensoribus*, 67. Papinien : *Procurator qui pro evictione praediorum, quae vendidit, fidem suam adstrinxit, etsi negotio gerere desierit, obligationis tamen onere praetoris auxilio non levabitur ; nam procurator, qui pro domino vinculum obligationis suscepit, onus eius frustra recusat.*

2. D. 13.5.25 pr. Papinien : *Illud aut illud debuit et consti- tuit alterum : an vel alterum, quod non constituit solvere possit, quaesitum est. Dixi non esse audiendum, si velit hodie fidem constitutae rei frangere.*

Remarquer que *hodie* parfois critère d'interpolation, est ici employé d'une façon absolument pure : c'est le *hodie* temporel.

La solution contraire découlerait des principes rigoureux du droit. Mais ici prévaut la foi promise, même par
simple convention en dehors du *ius civile*.

Le constitut ne vaut aucunement paiement, mais
étant l'assurance donnée au créancier que telle des deux
choses serait livrée, on peut dire également que le choix
s'est exercé.

Une solution d'une analogie un peu lointaine se rencontre au D. 45.1. *de verborum obligationibus* 112 pr.
Pomponius, lorsque le choix appartient au créancier.
Lorsque le créancier aura stipulé l'un ou l'autre objet,
il faut distinguer selon qu'il a stipulé « celui que je voudrai (*volam*) ou celui que j'aurai voulu (*voluero*) ».

Si c'est celui que j'aurai voulu, une fois désigné, l'objet de l'obligation reste tel et ne peut plus être changé.

Si c'est celui que je voudrai, le choix appartient au
créancier jusqu'à la *litis contestatio* (1).

Le choix en matière de constitut prend un caractère
d'actualité qui va jusqu'à limiter le montant de ce qui
est dû, p. ex. quand il s'agit d'un pécule.

Enfin dans une hypothèse du même genre, nous
voyons la persistance de l'action du constitut qui peut
être intentée concurremment avec l'action de *iure
iurando*. D. 13.5.25.1. (2). Le serment a été déféré

---

1. D. 45.1, *de verborum obligationibus*. 112 pr. Pomponius :
*Si quis stipulatus sit Stichum aut Pamphilum, utrum ipse vellet :
quem elegerit, petet et is erit solus in obligatione. An autem mutare
voluntatem possit et ad alterius petitionem transire, quaerentibus
respiciendus erit sermo stipulationis, utrumne talis sit, quem
voluero, an quem volam...*

2. D. 13.5.25.1. Papinien : *Si iureiurando delato deberi tibi
iuraveris, cum habeas eo nomine actionem, recte de constituta agis.
[Sed, et si non ultro detulero iusiurandum, sed referendi necessi-
tate compulsus id fecero, quia nemo dubitat modestius facere qui
referat, quam ut ipse iuret, nulla distinctio adhibitur, tametsi*

dans l'instance concernant la restitution de la *pecunia certa*. L'action du constitut peut être intentée et valablement soutenue.

ob tuam facilitatem ac meam verecundiam subsecuta sit referendi necessitas.]

M. Pringsheim dans *Beryt und Bologna. Festschrift für Otto Lenel*, p. 223, s'attache à démontrer que le mot *distinctio* est une transcription byzantine.

M. Beseler, *Beiträge*, IV, 69, a relevé d'ailleurs les différentes raisons qui autorisent à amputer le texte à partir de *sed, et si...* Il déclare spécialement la *relatio iurisiurandi* comme étant interpolée.

CHAPITRE V

LES APPLICATIONS DU CONSTITUT

1. Le constitut peut servir à promettre l'équivalent de ce qui est dû. — **2.** Le constitut ne détermine pas la dette primitive. — **3.** Peut-il donner au créancier des garanties nouvelles. — **4.** Le constitut permet de changer le lieu du paiement. — **5.** Le constitut engendre une action qui coexiste avec l'action première. — **6.** Le constitut relatif à une dette due à deux créanciers solidaires. — **7.** Le constitut engendre-t-il parfois la solidarité. — **8.** Le constitut de la dette d'autrui : changement de créancier. — **9.** Le constitut de la dette d'autrui : changement de débiteur.

1. Le constitut, promesse de payer, pouvait servir à des fins multiples. Sa forme générique s'accommodait des modalités du paiement.

La nécessité d'une dette préexistante servant de base au constitut s'entendait *in rem*. D. 13.5.5.2 (1) ; c'est dire que les jurisconsultes envisageaient la dette constituée sans s'attacher à la personne du créancier ou à celle du débiteur.

Le principe ancien fut incontestablement celui de l'identité d'objet entre la dette primitive et la dette constituée. Peu à peu des changements purent intervenir qui toutefois ne modifiaient pas en plus le montant de la somme due.

1. D. 13.5.5.2. Ulpien : *Quod exigimus, ut sit debitum, quod constituitur, in rem exactum est ; non utique ut is, cui constituitur, creditor sit ; nam...*

C'est ainsi qu'une première modification fut usitée, l'équivalence de la dette constituée à la dette primitive par application de la théorie de la *datio in solutum*.

D. 13.5.1.5. *An potest aliud constitui quam quod debetur, quaesitum est ; sed cum iam placet, rem pro re solvi posse, nihil prohibet et aliud pro debito constitui. Denique si quis centum debens frumentum eiusdem pretii constituat, puto valere constitutum.*

Ce texte qui nous présente cette possibilité du constitut de substituer au paiement un mode satisfactoire équivalent n'est pas, il est vrai, à l'abri des critiques.

Le début du § 5 est général : il formule sans aucune restriction la validité du paiement de l'équivalent. Puis vient un cas particulier où le changement d'objet de la dette est admis non sans quelque réserve (1) ; on substitue au paiement en deniers la remise d'une quantité de blé, en spécifiant que la valeur du blé n'excède pas la somme due.

M. Steiner, *Datio in solutum*, 1914, p. 87 et 88 relève dans notre texte des constructions grammaticales peu classiques : *cum iam placet*, l'emploi de *cum* causal avec l'indicatif ; *an potest... quaesitum est*, l'indicatif malgré le discours indirect, à l'exemple de la langue grecque (2). Puis il argumente du cas donné et de la réserve faite (*puto*) pour rejeter la *datio in solutum* comme possible à la période classique en matière de constitut.

Nous n'allons pas si loin (3). Le § 5 est, comme tout

1. *puto* : Ulpien semble donner son avis personnel dans une controverse qui n'est peut-être pas encore tranchée.
2. Beseler *Beiträge*, II, p. 86, qui insiste sur la formule « *nihil prohibet* » ; voir également Beseler, III, 142 ; Segrè, *Lezioni*, 1921-1922, 123[1] et Guarneri-Citati, 1927, p. 59.
3. M. Beseler, *Beiträge*, IV, p. 128 et V (*Z. S. S.*, 43, p. 541),

le fragment I, dont il fait partie, un texte réécrit dans lequel on relève la tendance à généraliser.

Du temps d'Ulpien le constituant pouvait probablement promettre l'équivalent et cependant ce n'est pas Ulpien qui a écrit la formule générale : *cum iam placet, rem pro re solvi posse, nihil prohibet, et aliud pro debito constitui.* La *datio in solutum* était possible en matière de constitut mais avec cette limitation très nette que l'équivalent devait être une chose fongible et d'un prix égal au montant de la dette objet du constitut.

D'ailleurs nous ne devons pas oublier que c'est à Ulpien D. 13.7, *de pign. act.*, 24, pr., que nous sommes redevables d'une théorie de la *datio in solutum* plus perfectionnée ; désormais la *datio* est considérée comme étant le prix d'une vente qui se compenserait avec la créance, que la *datio* est destinée à éteindre. Le créancier prend le rôle d'acquéreur ; une action *empti* utile le garantit contre le préjudice d'une éviction éventuelle.

2. Le constitut servit-il à déterminer l'obligation primitive ? On serait tenté de le croire, à la simple lecture du fragm. 21 pr. à notre titre (1).

Un débiteur tenu de livrer l'esclave Stichus est en retard de satisfaire à son obligation. L'esclave meurt. Le débiteur passe un constitut avec un créancier pour

p. 541, rejette la possibilité du constitut avec *datio in solutum.* Voici la restitution du texte qu'il propose :

< *Non* > [*An*] *potest aliud constitui quam quod debetur,* [*quaesitum est, sed cum iam placet rem pro re solvi posse, nihil prohibet et aliud pro debito constitui*] *denique si quis centum debens frumentum eiusdem pretii constituat,* < *ille recte scribit non* > [*puto*] *valere constitutum.*

1. D. 13.5.21. pr. Paul. : *Promissor Stichi, post moram ab eo factam mortuo Sticho, si constituerit se pretium eius soluturum, tenetur.*

une somme égale à la valeur marchande de l'esclave.
L'opération est en réalité double. Une convention a
fixé d'abord le montant de la dette ; le constitut a porté
ensuite sur le *pretium*, mais n'a pas servi à le déterminer.

Le fragm. 23 du D. 13.5. (1) traite d'une hypothèse
très voisine. Un débiteur tenu de faire tradition d'un
esclave rend cette tradition impossible. S'il avait fait
un constitut relativement à l'obligation de donner l'esclave, il sera tenu désormais du prix de l'esclave.

Tel qu'il nous est transmis par le Digeste, ce texte de
Julien admettait le constitut ayant pour objet un esclave. Or, et ceci est constant à l'époque classique, le
constitut ne pouvait porter que sur une *pecunia certa*.
Aussi est-il difficile de prendre le texte dans sa physionomie actuelle. Il porte une trace visible d'interpolation : *etsi...* (2). M. Arangio-Ruiz *Le genti e la cittàp.*
p. 58 propose la correction suivante... *de constituta,
pecunia non tenebitur, quia...*

3. Divers textes nous apprennent que le constitut
pouvait aussi donner au créancier des garanties nouvelles ou des sûretés. D. 13.5.14 § 1, 2 ; D. h. t. 21. § 2.
et D. h, t. 5.3.

C'est en se basant sur ces textes que M. Lenel dans
sa reconstitution de l'édit et de la formule mentionne
la double fonction du constitut : donner au créancier
le paiement de ce qui lui est dû ou bien lui fournir une
garantie ; et M. Lenel argue simplement de l'existence

1. D. 13.5.23. Julien : *Promissor hominis, homine mortuo ;
cum per eum staret quominus traderetur, etsi hominem daturum
se constituerit, constituta pecunia tenebitur, ut pretium eius solvat.*
2. Guarneri-Citati, p. 36.

de ces trois textes sans les discuter aucunement.

Encore que nous soyons peu enclins à suivre les affirmations de Beseler, nous leur reconnaîtrons une base de vérité quitte à justifier de notre point de vue.

Le D. 13.5.21. § 2 se compose de deux phrases absolument opposées l'une à l'autre : la première déclare que le constitut d'une somme à payer n'est pas éteint par une *satisdatio* ; la seconde que la promesse de *satisdatio* faite par constitut est possible (1). Elle est introduite par les mots *si... autem* qui sont reconnus comme étant un critère d'interpolation. Le fragment 21 § 2 est conçu à la manière des oppositions propres à l'esprit grec : μὲν... δὲ. De plus le texte contient des inexactitudes : donner un gage (*pignus*) n'équivaut nullement à donner une caution, et dès lors le *pignus* ne peut être un cas de *satisdatio*. La fin du texte : « *quia nihil intersit quemadmodum satisfaciat* » s'accommode seul de l'allusion au *pignus* et non de celle à la caution. Du point de vue grammatical signalons aussi la faute de syntaxe « *quia... intersit* ». Autant de preuves que le § 2 du fragm. 21 a subi des transformations dues à l'attribution de la fonction de garantie au constitut.

Les autres fragments présentent-ils également des traces de remaniement ?

Le § 1 du D. 13.5.14. nous donne la preuve que le constitut tendant à fournir un gage est une innovation et que l'édit du préteur n'y faisait pas allusion : *Si quis constituerit se pignus daturum, cum utilitas pigno-*

---

1. D. 13.5.21.2. Paul : *Constituto satis non facit, qui soluturum se constituit, si offerat satisfactionem ; si quis autem constituat se satis daturum, fideiussorem vel pignora det, non tenetur, quia nihil intersit, quemadmodum satisfaciat.*

rum irrepserit debet etiam hoc constitutum admitti...

La justification : *cum utilitas pignorum irrepserit* aurait été inutile (1) si l'édit avait autorisé le constitut tendant à donner un gage, et la phrase elle-même reconnaît qu'il s'agit bien d'une extension du constitut primitif : *debet* ETIAM HOC *constitutum admitti.*

De même, le § 2 (2) de notre fragment nous permet de conclure que le constitut ne pouvait consister à promettre une caution : *sed et si quis certam personam fideiussuram pro se constituerit, nihilominus tenetur, ut Pomponius scribit.* Pourquoi le « *nihilominus* » si la faculté de fournir un fidéjusseur avait été comprise dans la formule de l'édit ? M. Arangio Ruiz fait en outre une critique grammaticale du texte, qui est d'une latinité bien peu classique : *quid tamen si ?... quid si ?* (3) *nisi aliud actum est* expression imprécise (4), les deux ablatifs absolus » *mora interveniente* et *nulla mora interveniente,* enfin la condamnation bien singulère au cas de non-exécution du constitut : *vel in id quod interest, vel ut aliam personam non minus idoneam praestet.*

Nous ferons d'autre part une remarque commune aux deux fragments ci-dessus (fr. 21. 2 et fr. 14. 1.2) :

1. D. 13.5.14.1. Ulpien : *Si quis constituerit se pignus daturum cum utilitas pignorum irrepserit, debet etiam hoc constitutum admitti.*

2. 13.5.14.2. Ulpien : *Sed et si quis certam personam fideiussuram pro se constituerit nihilominus tenetur, ut Pomponius scribit. Quid tamen, si ea persona nolit fideiubere ? Puto teneri eum, qui constituit, nisi aliud actum est. Quid si ante decessit ? Si mora interveniente, aequum est teneri eum, qui constituit, vel in id, quod interest, vel ut aliam personam non minus idoneam fideiubentem praestet ; si nulla mora interveniente, magis puto non teneri.*

3. GUARNERI-CITATI, p. 75 et PRINGSHEIM, Z. S. S., 1921, t. 42, p. 453.

4. GUARNERI-CITATI, p. 9.

le mot *constituere* est employé dans le sens général de promettre, et ne supporterait pas comme construction le substantif *pecunia* à l'accusatif : or, il faut que cette construction soit possible, puisqu'aussi bien nous trouvons l'expression : *de pecunia constituta* et que les seuls mots conservés de l'édit du préteur sont : *qui pecuniam debitam constituit.*

Le constitut de donner un fidéjusseur est une déformation complète du constitut. Dans le constitut proprement dit, le créancier bénéficiaire a immédiatement un titre à une créance certaine : celle-ci est indépendante de la créance primitive, échappe à ses causes d'extinction autres que le règlement conventionnel de la dette, c'est-à-dire le paiement. Au contraire, le fidéjusseur n'était jamais qu'un débiteur accessoire (Gaius III. 126) : son obligation est subordonnée à la dette principale, et vient à disparaître lorsque celle-ci s'évanouit.

La situation du créancier qui a reçu un constitut est donc toute différente selon qu'il s'agit d'un constitut de payer ou du constitut de fournir caution, et la condamnation est également tout opposée : en cas d'exercice de l'action de constitut, le créancier reçoit ce qui lui est dû, et au delà, par suite de la *sponsio dimidiae partis.* Au contraire, si le créancier agit contre un débiteur qui n'a pas cautionné la dette, il n'a droit qu'à ce cautionnement ou à une somme égale au préjudice subi pour le retard dans l'exécution (1).

1. Aussi donnons-nous les restitutions proposées par M. Beseler :

D. 13.5.21.2. Paul. (Beseler, *Beiträge,* IV, 2161).

Constituto satis non facit, qui soluturum se constituit, si offerat satisfactionem [si quis autem constituat se satisdaturum, fide-

Reste à analyser le troisième texte qui parle d'un cautionnement par constitut : le D. 13.5.5.3 (1). C'est une lettre de Titius par laquelle celui-ci, agissant sur l'ordre de Seius promet de cautionner et de payer la dette de celui-ci. L'engagement de cautionner et de payer à la fois est plutôt extraordinaire. Les Basiliques, toutefois (éd. Heimbach, 26.7) ne font pas mention d'un cautionnement *si per epistolam mihi te soluturum constitueris, si apparuerit Petrum mihi aliquid debere, teneris* (2). De plus il s'agit d'une dette future et pas seulement d'une dette à déterminer dans son *quantum*. Dans ces circonstances, nous écartons le texte comme étant un cas de cautionnement par constitut ; et peut-être même un simple cas de constitut. C'est l'observation que fait M. Beseler IV, p. 260 : ce fragment, sans l'adjonction de *quoque*, serait une transcription des Byzantins.

Il résulte des textes examinés que le constitut a porté uniquement sur le paiement à la période classique, et que seuls les compilateurs lui attribuèrent un rôle nouveau, en le déformant, celui de pouvoir donner une garantie ou une caution.

---

ussorem vel pignora det, non tenetur, quia nihil intersit, quemadmodum satisfaciat].

D. 13.5.14.1.2. Ulpien. (BESELER, *eod. loc.*).

Si quis constituerit se pignus daturum < *non tenetur* > [: *cum utilitas pignorum irrepserit, debet etiam hoc constitutum admitti.*] *Sed et si quis certam personam fideiussuram pro se constituerit,* < *non* > [*nihilominus*] *tenetur, ut Pomponius scribit.* [*Quid tamen si... non teneri*].

1. D. 13.5.5.3. Ulpien : *Iulianus quoque libro undecimo scribit : Titius epistolam ad me talem emisit : Scripsi, secundum mandatum Seii, si quid tibi debitum approbatum erit, me tibi cauturum, et soluturum sine controversia ; tenetur Titius de constituta pecunia.*

2. Εάν ἀντιφωνήσῃς μοι δί ἐπιστολῆς διδοναι, εἴτι φανῇ χρεωστων μοι Πετρος, ἐνεχῃ.

4. Le constitut pouvait servir à changer le lieu du paiement (D. 13.5.16.1) (1) et tout de suite apparaît l'analogie de l'*actio de pecunia constituta* et de l'*actio certae creditae pecuniae* : l'une et l'autre portaient sur une demande certaine.

Le § 1 de notre fragment déclare qu'au cas d'adjonction d'un lieu pour le paiement, si le créancier intentait la poursuite en un lieu autre que celui qui avait été convenu, les pouvoirs du juge seraient ceux de l'*actio* arbitraire *de eo quod certo loco*. Or, dans cette action, la *condemnatio* était mesurée sur l'intérêt du demandeur ou du défendeur ; l'action était une action ordinaire avec formule conférant au juge ce pouvoir d'appréciation, et cette formule n'avait sa raison d'être que si elle s'appliquait à une action de droit strict (2). Il en était ainsi du *mutuum* qui comprenait normalement une *condemnatio certa* ; il en est ainsi du constitut qui lui aussi, à moins d'adjonction de lieu, n'emporte condamnation que dans la mesure de ce qui est exprimé dans les prémisses de l'action.

Le constitut permit même, et ceci peut surprendre, une aggravation de la situation du débiteur, non pas en ce sens qu'il augmentait le montant de la créance, mais parce qu'il rapprochait la date de l'échéance. D. 13.5.4 (3). Peut-être faut-il interpréter ce changement de date défavorable au débiteur, comme un cas d'espèce et selon le principe qu'il appartient toujours

1. D. 13.5.16.1. Ulpien : *Sed et certo loco et tempore constituere quis potest, nec solum eo loci posse eum petere, ubi ei constitutum est, sed exemplo arbitrariae actionis ubique potest.*

2. Cuq, *Manuel*, p. 861, n. 3, et D. 13.4 : *de eo q. cer. loc.* 2.8 (Ulpien).

3. D. 13.5.4. Paul : *Sed et si citeriore die constituat se soluturum, similiter tenetur.*

au débiteur de renoncer, dans une dette à terme, à une échéance le plus souvent établie en sa faveur.

5. Le constitut donnait naissance à une action nouvelle, qui par son adjonction à la première dotait le créancier de droits plus rigoureux. Mais l'obligation primitive n'en était elle-même ni plus dure, ni plus sûre. L'obligation préexistante ne subissait aucune modification.

On a voulu prétendre que le constitut amenait une novation de la dette première qui se trouvait éteinte après son remplacement par celle née du constitut. Idée fausse et que contredit immédiatement le D. 13. 5.18.3, texte que nous étudierons plus loin : une preuve certaine du défaut de novation est que, dans notre texte, on se demande si l'action de l'obligation primitive est éteinte par l'exercice de l'action de constitut. Si le constitut avait pu opérer novation, la question de la loi 18.3 ne se poserait même pas. Nous avons déjà écarté la novation en matière de constitut lors de la discussion du constitut d'une dette alternative.

Bien plus l'obligation primitive était indépendante du constitut. D. 13.5.18.1., D. 13.5.19.2. D. 13.5. 20 (1). Le constitut porte ses effets, encore que depuis le moment de sa formation l'obligation qui lui servait de fondement ait cessé d'exister, et les variations survenues dans l'objet de la dette n'exercent aucune influence.

Jamais non plus le constitut ne fut un mode inter-

---

1. D. 13.5.18.1. Ulpien : *Eamque pecuniam, cum constituebatur, debitam fuisse interpretationem pleniorem exigit. Nam primum illud efficit ut, si quid tunc debitum fuit, cum constitueretur, nunc non sit, nihilominus teneat constitutum, quia retrorsum se actio refert.*

ruptif de la prescription. Le D. 13.5.18.1. nous dit que la prescription de l'action primitive suit son cours et peut s'achever (1).

6. Le constitut jouait-il un rôle particulier au cas où la dette primitive avait pour sujets deux ou plusieurs créanciers solidaires ?

M. Willems a, dans les *Mélanges Cornil*, t. II, p. 615-624 consacré une étude très approfondie à ce sujet.

Le plupart des auteurs ont en effet décidé que le constitut fait avec une des créanciers solidaires privait les autres de leur action pour réclamer le montant de la dette. Dès lors ils se sont demandé si la nature du constitut justifiait cette solution. Ils ont admis soit que le constitut équivaut à un paiement, soit qu'il réalise une novation.

Or le constitut n'était ni l'un ni l'autre. Une promesse formelle de paiement n'est pas un paiement, ni même un commencement de paiement. Une novation, qui serait ici nécessairement prétorienne, ne peut opérer que *exceptionis ope.*

Le constitut était l'assurance que la somme due serait à la disposition du créancier. Un des co-créanciers

---

1. D. 13.5.19.2. Paul : *Si pater vel dominus constituerit se soluturum, quod fuit in peculio, non minueretur peculium eo, quod ea causa obstrictus esse coeperit ; licet interierit peculium, non tamen liberatur.*

D. 13.5.20. Paul : *Nec enim quod crescit peculium aut decrescit pertinet ad constitutoriam actionem.*

D. 13.5.18.1. Ulpien : *Proinde et temporali actione obligatum constituendo, Celsus et Iulianus scribunt, teneri debere, licet post constitutum dies temporalis actionis exierit. Quare et si post tempus obligationis se soluturum constituerit, adhuc idem Iulianus putat, quoniam eo tempore constituit, quo erat obligatio, licet in id tempus, quo non tenebatur.*

s'était-il fait promettre par constitut, qu'allait-il en résulter ? Rien à l'égard des co-créanciers qui avaient une créance égale à celle du créancier bénéficiaire du constitut.

Dès lors lorsque le débiteur ayant promis par constitut à l'un, payait à un autre co-créancier, celui-ci recevait dûment son argent et ne pouvait être tenu à restitution par la *condictio indebiti*. Reste à analyser le rapport qui existe entre le créancier bénéficiaire du constitut et le débiteur constituant. Il va de soi que le débiteur était lié par le constitut qui donnait lieu à une action particulière.

L'action née du constitut était une action *in factum* : les prémisses de la *condemnatio* étaient le fait du constitut et celui de n'avoir pas tenu la promesse. Les deux actions que possédait le créancier bénéficiaire du constitut n'étaient pas semblables. Il poursuivait le débiteur constituant par l'action la plus efficace, celle du constitut. C'est aussi ce qui explique que le débiteur, tenu vis-à-vis d'un seul créancier en vertu des deux actions, n'était pas libéré par la *litis contestatio* de l'action de constitut. Ces deux actions indépendantes l'une de l'autre, ayant une base différente, lui faisaient une situation analogue à celle de deux débiteurs *in solidum*.

M. le professeur Willems arrive à cette solution par l'analyse des textes : Le D. 13.5.10 seul fragment qui s'occupe du constitut dans les créances solidaires est étudié dans ses rapports avec les deux textes qui précèdent : D. 13.5.8, al. 2 et D. 13.5.9 (1).

---

1. D. 13.5.8 Paul : *Si vero mihi aut Titio constitueris te soluturum, mihi competit actio : quod si, posteaquam soli mihi*

Les deux textes de Paul D. 13.5.8 al. 2 et D. 13.5.
10 se faisaient suite dans l'œuvre du jurisconsulte.
Les compilateurs de Justinien ont inséré la loi 9 d'Ulpien, qui vise le cas de *l'adiectus solutionis gratia*. Le
paiement qui lui serait fait emporterait *condictio indebiti*, car *l'adiectus* n'est en aucune façon créancier et le
constitut fait au créancier seul équivaut à une révocation du mandat de recevoir le paiement. Tout au contraire le co-créancier corréal n'a pas cette *condictio*.
« Paul par conséquent ne déclare nul, ni le paiement
« fait au co-créancier, ni le constitut, il se borne à pro
« clamer que, après le paiement au co-créancier, le
« débiteur constituant reste néanmoins tenu ».

D'autant que le constitut a été passé dans les termes :
mihi soli soluturum. M. Willems en infère qu'il y a une
sorte de novation prétorienne sans efficacité pour le
co-créancier mais valable entre les parties. Peut-être
pourrait-on ajouter, que le co-créancier bénéficiaire du
constitut avait deux actions indépendantes et qu'il
était libre, vu que l'action du constitut lui était personnelle, de choisir celle qui lui était la plus utile, sans recourir à l'idée de novation.

Justinien en accolant les textes, en les rattachant
par *idem est* a fait prévaloir chez les interprètes, qui
n'ont pas considéré la loi 9 comme une incidente, l'opinion que le constitut fait avec un des créanciers privait
les autres de leur droit d'action.

te soluturum constituisti, solveris Titio, nihilo minus mihi teneberis.
    D. 13.5.9. Papinien : *Titius tamen indebiti condictione tenebitur, ut quod ei perperam solutum est, ei qui solvit reddatur.*
    D. 13.5.10. PAUL : *Idem est et si ex duobus reis stipulandi
post alteri constitutum, alteri postea solutum est, quia loco eius,
cui iam solutum est, haberi debet is cui constituitur.*

A. Philippin   6

Pourquoi cette juxtaposition des textes et cette solution contraire sans aucn doute à l'esprit de Paul ? Peut-être parce que Justinien a considéré le constitut fait avec un des co-créanciers comme emportant une novation véritable, l'action de constitut n'entraînant plus à cette époque de *sponsio* ni de *restipulatio dimidiae partis*.

La solution proposée pour la période classique est donc que le constitut ne peut modifier la solidarité qui existe entre les créanciers (1) (2).

7. Par contre le constitut pouvait engendrer la solidarité.

Passivement, chaque constituant de la dette était tenu *in solidum*, d'une dette distincte. D, 13.5.16 pr. *S. duo quasi duo rei constituerimus, vel cum altero agi poterit in solidum.*

L'expression *quasi duo rei* est curieuse : elle témoigne d'une assimilation que la désignation *duo rei* aurait trop marqué en faisant des débiteurs de véritables solidaires, comme s'il y avait eu stipulation.

Du côté actif, la même solution prévaut-elle ? M. Valéry (thèse Montpellier, 1889) a cru distinguer dans le D. 13.5.30 une application de l'idée que le constitut fait à deux créanciers établissait entre eux les liens étroits de la solidarité.

Le fragment 30 est fort discuté : il est certain qu'il a

---

1. Notons que toute contradiction disparaît avec cet autre texte de Paul. : D. 2.14, *de pactis*, 27 pr.

2. Nous n'avons aucun texte pour le cas où plusieurs débiteurs sont tenus solidairement d'une même dette, et où le créancier fait un constitut avec un d'eux.

3. Levy, *Konkurrenz*, I, 206.

subi des remaniements, mais dans quelle mesure ?

Si quis duobus pecuniam constituerit tibi aut Titio, etsi stricto iure propria actione pecuniae constitutae manet obligatus, etiamsi Titio solverit, tamen per exceptionem adiuvatur.

L'analyse de l'hypothèse prévue par ce fragment est délicate. Fn effet, il faudrait savoir comment se présentait la dette primitive, base du constitut.

Cette dette était-elle déjà conçue comme une dette formée par stipulation « *mihi aut Titio* » ? Non. Dans ce cas en effet, le constitut ne pouvait être fait directement à Titius, mais le paiement effectué entre les mains de l'*adiectus* était valable. Le constitut ne modifiait pas la qualité dont Titius avait été investi par le créancier principal. D. 13.5.7.1. Ulpien : *Si mihi aut Titio stipuler, Titio constitui suo nomine non posse, Iulianus ait, quia non habet petitionem, tametsi solvi ei possit* et D. 13.5.8. (al. 1) : Paul : *Si vero mihi aut Titio constitueris te soluturum, mihi competit actio.*

Or, le fragment 30 déclare que le paiement fait à Titius ne libère pas le débiteur.

Il faut admettre que l'obligation principale n'aurait pas contenu la désignation d'un *adiectus solutionis gratia*.

La créance était due seulement *tibi*. Ensuite le débiteur a fait promesse par constitut de payer « *tibi aut Titio* ». Il y aurait eu un changement de créancier sans l'intervention du créancier primitif. Or le droit classique ne tolérait pas cette mutation de créancier. D. 13.5.5.5. Ulpien : ... *si mihi constitueris Sempronio te soluturum, non teneberis.* Titius n'était pas un *adiectus* désigné par le créancier. Le paiement qui lui était fait importait peu au créancier. Celui-ci avait toujours l'action primitive et l'action de constitut.

Sous Justinien il était permis de stipuler pour autrui, de faire naître une action au profit d'un tiers. Aussi le texte, d'ailleurs remanié, déclare-t-il que pareille convention n'est nulle que suivant le *strictum ius*.

Le texte est fortement interpolé.

Il avait déjà attiré cette remarque de Seckel. Kuebler, Paul, *Sent.* 2.2.3. « *num verba... Pauli sint, quaerere licet. Etsi stricto iure...* la détermination *stricto iure*, appliquée ici à l'action de constitut, se retrouve au Code 3.42.8.1. à propos de l'action prétorienne d'hérédité et au D. 29. 2.86 pr. à propos de l'*in integrum restitutio* (1). Le *strictum ius* se rapportant à des institutions prétoriennes est certainement une retouche de la période justinienne. Car le droit prétorien était un droit d'équité, et non pas un droit rigoureux (2).

D'autre part, l'expression *adiuvari per exceptionem* est suspectée. Les rares passages où se rencontre encore cette tournure de phrase sont également remaniés : D. 36.1.67.3 et D. 49.14.45.9 (3).

La construction *si constituerit, etsi... manet* est grammaticalement impure.

M. Pringsheim Z. S. S. 42.655 relève encore le *si... etsi... tametsi*, et enfin : *propria actio pecuniae constitutae* dans laquelle il voit l'*actio civilis* générale des Byzantins (4). M. Beseler, il est vrai, remplace *stricto*

---

1. Ces rapprochements ont été signalés avec grande bienveillance par M. Collinet.

2. C. Frese, *Z. S. S.*, 43, 470-473 et S. Riccobono, *Mélanges Cornil*, II, 298.

3. Lévy, *Konkurrenz*, I, 225, n. 4.

4. D. 1.1.6 pr. [*ius proprium id est civile*] et les références citées par M. Pringsheim, *Z. S. S.*, 42, 655.

iure par *ipso iure,* ce qui malheureusement n'explique rien.

Aussi le fragment 30 peut-il se reconstituer, d'après Pringsheim, comme suit :

Si quis duobus pecuniam constituerit tibi aut Titio, [*etsi stricto iure propria*] *actione pecuniae constitutae manet obligatus, etiamsi Titio solverit* [*tamen per exceptionem adiuvatur*].

Pour nous, il faut en outre supprimer le mot *duobus,* qui avait fait croire à M. Valéry, qu'il se serait agi de deux créanciers solidaires, et d'une solidarité engendrée par le constitut. Les Basiliques 26.7 (*éd. Heimbach*) ne contiennent pas le mot « *duobus* ».

Un doute peut enfin s'élever quant à l'authenticité de l'expression « *manet obligatus* ». Le terme *obligare,* est plutôt réservé aux rapports juridiques du *ius civile,* qui emportent le devoir de *dare, facere, praestare* (1).

Si néanmoins, en matière de constitut qui est une institution prétorienne, l'expression *obligatio* et celle de *debere* se rencontrent dans quelques textes, il est possible de les expliquer par des altérations apportées à l'original. Ainsi au § 8 du fragm. 1 à notre titre, *is qui honoraria actione, non iure civili obligatus est,* est sans doute la réécriture d'un texte original qui aurait été : *qui honoraria actione tenetur* ; l'allusion au *ius civile* étant amenée par le souci de la construction harmonique chère à l'esprit grec. De même au D. 13.5.3.2 : *si is qui et iure civili et praetorio debebatur...* ; Ulpien a

____

1. Cf. *Le formule con demonstratio e la loro origine* (estr. *studi economico giuridici della Univ. di Cagliari*, IV, 2), p. 31 et MITTEIS, *Röm. Priv. R.,* I, 38 : ...ist im Forderungsrecht möglicher weise der Ausdrück *obligatio* nicht gleichmässig für civile und prätorische schulden gebraucht worden.

employé l'expression *iure civili et praetorio debere* en voulant désigner une obligation civile que ne viendrait contrarier aucune exception. Le § 1 contient d'ailleurs cette précision : *iure praetorio, id est per exceptionem.* Le terme *obligatio* du fragment 18.3 à notre titre est également suspecté, comme nous le verrons lors de l'étude prochaine de ce texte.

Est-il permis de se montrer réservé, dans notre texte, quant à l'authenticité de l'expression « *manet obligatus* ». Pour nous, l'expression s'explique encore par contamination de l'obligation principale civile et de l'obligation prétorienne. Il est évident, que le constitut et le paiement faits à un *adjectus* sans la volonté du créancier n'enlèvent pas l'obligation primitive ni même, croyons-nous, l'obligation du constitut.

C'est sans doute, en se ralliant à cette manière de voir, que Karlowa, *R. Rg.* Ii.1379 a proposé une correction très ingénieuse du texte : au lieu de *propria actione pecuniae constitutae*, il est tenté de lire : *priore vel actione pecuniae constitutae.*

Quant à M. Arangio Ruiz, il a, en vue d'expliquer les mots *manet obligatus*, opéré une transcription du texte que je ne puis partager. Il rectifie comme suit : *etsi propria actione pecuniae constitutae liberetur, si Titio solverit, tamen tibi manet obligatus.* L'expression « *manet obligatus* » s'entendrait logiquement du rapport principal.

Mais comment le débiteur faisant constitut à son créancier et à un autre titulaire désigné par son arbitraire à lui débiteur, ne serait-il plus tenu de l'obligation du constitut même vis-à-vis du créancier primitif ?

8. La dette préexistante qui servait de base au constitut s'entendait *in rem* : on faisait abstraction du sujet actif ou passif du droit.

Une application de ce principe se trouve dans D. 13. 5.11 pr.(1) L'on pouvait constituer la dette d'une hérédité jacente ou d'un débiteur captif à l'ennemi.

Pour la convention relative à l'hérédité jacente il n'est toutefois pas exact de dire que le constitut suppose seulement une dette et pas nécessairement un débiteur : il y avait un débiteur dans l'hérédité jacente débitrice : c'était, suivant Julien, l'hérédité elle-même, représentant la personne du défunt.

Notre texte, D. 13.5.11 pr. (1) est de Pomponius cité par Ulpien, et Pomponius était contemporain ou légèrement postérieur à Julien. Le sort des actes accomplis pendant l'hérédité jacente était en suspens jusqu'à l'addition de l'héritier externe.

La dette primitive étant ainsi comprise d'une façon abstraite, le constitut fut possible même si l'on changeait la personne du créancier ou celle du débiteur.

Le Digeste ne nous donne pas d'exemple d'un débiteur faisant constitut de sa dette à un autre créancier. Il énonce seulement le principe (2). Aussi le mécanisme du constitut avec changement de créancier n'est-ilpas connu.

---

1. D. 13.5.11. pr. Ulpien : *Hactenus igitur constitutum valebit, si, quod constituitur, debitum sit, etiamsi nullus appareat, qui interim debeat ; utputa si ante aditam hereditatem debitoris, vel capto eo ab hostibus constituat quis se soluturum ; nam et Pomponius scribit, valere constitutum quoniam debita pecunia constituta est.*

2. D. 13.5.5.2. Ulpien : *Quod exigimus, ut sit debitum, quod constituitur, in rem exactum est ; non utique ut is, cui constituitur, creditor sit, nam et quod ego debeo, tu constituendo teneberis; et quod tibi debetur, si mihi constituatur, debetur.*

Si je fais constitut à une autre personne que le créancier primitif, il faut que ce nouveau créancier ait déjà un titre à la créance. Sinon il n'y a plus *pecunia debita*. Quelque chose a donc précédé le constitut au nouveau créancier : peut-être bien la *procuratio in rem suam* par laquelle le créancier a cédé son action au nouveau titulaire.

Ce pacte de constitut, intervenant après la cession de la créance sous forme de mandat, n'aurait-il pas été un moyen de garantir le cessionnaire contre les risques d'extinction du mandat et notamment contre la révocation ?

9. En sens inverse, l'engagement du constitut pouvait être pris par un tiers et non plus par le débiteur primitif. C'est le *constitutum debiti alieni*.

L'intervention du tiers comme débiteur présentait la plupart des avantages de la fidéjussion ; elle lui était même préférable, permettant la substitution d'une chose nouvelle à l'objet ancien de la dette (1). De plus le créancier avait deux débiteurs au lieu d'un, qu'il avait le droit de poursuivre séparément et dont les créances n'étaient pas liées l'une à l'autre (2).

Ainsi entendu, le constitut réalisait une sorte de cautionnement.

Mais quand il y a un nouveau débiteur, est-ce toujours pour faire un cautionnement ? Le créancier ne peut-il pas vouloir dégager le débiteur primitif et

1. Voir *supra*, p. 70.
2. D. 13.5.5.2. Ulpien, cité plus haut, et Sent. de Paul, 2.2.1 : *Si id quod mihi L. Titius debet, soluturum te constituas, teneris actione pecuniae constitutae.*

mettre à sa place le constituant, faisant ainsi une *expromissio* ?

C'est à ce propos que sont nées les diverses théories qui ont cherché à expliquer la répercussion de l'action du constitut sur l'action primitive.

Une première opinion soutient que l'action de constitut était toujours l'accessoire de l'obligation primitive (1). L'obligation principale était toujours éteinte *exceptionis ope*, quitte à déterminer cette *exceptio*.

Une opinion tout opposée veut que le constitut emportait novation prétorienne et Flürer (2) reconnaissant que le constitut n'a pas par lui-même d'effet extinctif suppose dans le constitut un pacte *de non petendo* tacite qui éteignait la première action. Une objection à ce système réside dans le fait, qu'un pacte *de non petendo* ne peut être opposé que par ceux qui y ont pris part. Or dans le cas d'*expromissio*, comment le droit à une exception peut-il exister en faveur de l'ancien débiteur ?

Bodin (3) recourt au principe de l'interprétation de la volonté des parties. Notre institution étant prétorienne, la volonté des parties peut être respectée dans la mesure où elle n'est pas contraire aux bonnes mœurs. Si les parties ont voulu libérer le débiteur originaire, cette volonté sera observée et le débiteur aura l'*exceptio doli mali* pour repousser l'action dirigée contre lui.

En réalité, il y a toujours au cas d'*expromissio* une situation complexe. Il faut rechercher dans les éléments

1. POTHIER, *Pand. Justin. de constituta pecunia*, 22 ; DEMANGEAT, *Des obligations solidaires*, p. 85.
2. FLÜRER, *Du pacte de constitut*, p. 74.
3. BODIN, *Dissertation sur les effets du pacte de constitut. Revue historique de droit français et étranger*, 1866, t. 12, p. 209.

qui la composent celui qui permet plus spécialement de substituer un nouveau débiteur à l'ancien. L'*exceptio doli mali* est surtout le moyen de dégager l'ancien débiteur, lorsque le constitut intervient à la suite d'une délégation. Cette convention qui accompagne le constitut en détermine les effets dans le sens voulu.

Les textes d'ailleurs ne sont pas décisifs.

Les §§ 2 et 8 du D. 13.5.5 (1) ne distinguent pas entre le constitut *debiti alieni* cautionnement et celui qui réaliserait une *expromissio*.

Le fr. 28 est un cas d'application du cautionnement (2).

On arguerait à tort de l'hypothèse prévue au fr. 24 : il s'agit du constitut conclu par un tuteur au nom de son pupille. Le texte déclare que le tuteur « *in locum pupilli succedit* » : les liens qui unissent le tuteur et son pupille expliquent cette particularité.

Un seul texte (D. 13.5.27) (3) pourrait paraître concluant. Mais dans son état primitif, il n'avait point trait au constitut.

Le constitut ne pouvait donc servir à réaliser une *expromissio* tant qu'il n'était pas accompagné d'une convention destinée à libérer le débiteur primitif.

En dehors de ces cas où des précisions étaient apportées aux effets du constitut, les deux actions, celle résul-

1. Textes cités plus haut.
2. D. 13.5.28. Gaïus : *Ubi quis pro alio constituit se soluturum, adhuc is, pro quo constituit, obligatus manet.*
3. D. 13.5.27. Ulpien : *Utrum praesente debitore an absente constituat quis, parvi refert. Hoc amplius etiam invito constituere eum posse Pomponius libro trigensimo quarto scribit : unde falsam putat opinionem Labeonis existimantis, si, postquam quis constituit pro alio, dominus ei denuntiet ne solvat, in factum exceptionem dandam : nec immerito Pomponius : nam cum semel sit obligatus qui constituit, factum debitoris non debet eum excusare.*

tant de l'obligation première, et celle du constitut se trouvaient en présence. Les deux actions avaient en principe le même objet ; elles étaient indépendantes, mais devaient aboutir l'une et l'autre au paiement de ce qui était dû au créancier.

En quoi l'action du constitut réagissait-elle sur l'obligation primitive ?

Le D. 13.5.18.3 s'occupe de cette situation :

Vetus fuit dubitatio, an qui hac actione egit sortis obligationem consumat. Et tutius est dicere solutione potius ex hac actione facta liberationem contingere, non litis contestatione, quoniam solutio ad utramque obligationem proficit.

Ce texte présente des signes d'interpolations : *vetus fuit dubitatio* qui ressemble bien à l'expression *apud veteres dubitatum est* ; l'une et l'autre sont suspectes (Pringsheim. *Festschrift für Lenel* 214, et Ehrard, *Hypothek*, 136.31).

et tutius est dicere : le comparatif est souvent un critère d'interpolation, et spécialement notre expression est relevée par Gradenwitz : *Interpolationen in den Pandekten* 133 ; Beseler II, 164, et IV.159 ; GUARNERI-CITATI, 34.

Le mot *consumere* s'emploie pour désigner l'extinction d'une *obligatio ipso iure*. Gaius IV.131 a est significatif à cet égard : ... *totius illius iuris obligatio illa inc < er > ta actione* « *quidquid ob eam rem Numerium Negidium Aulo Agerio dare facere oportet* » < *per inten* >- *tione* < *m* > *consumitur, ut postea nobis agere volentibus de va* < *c* > *ua possessione tradenda nulla supersit actio.*

Or, comme le remarque M. E. Lévy (*Konkurrenz*, I 64) le D. 13.5.18.3 n'applique pas la distinction entre obligation et action : Ulpien se demande si celui qui agit par l'action du constitut consomme l'obligation : *an qui hac actione... egit, sortis obligationem consumat.*

Peut-être n'avons-nous pas tout le texte d'Ulpien.

Puisqu'il y a deux rapports obligatoires, il y a deux actions. Le texte envisage l'hypothèse où l'action *in factum* du constitut a été intentée la première, et il se demande quelle en est la répercussion au point de vue de l'action principale.

Mais l'hypothèse inverse, celle de l'action principale intentée la première a pu se poser ; il est possible qu'Ulpien dans la partie du texte qui nous manque ait prévu ce cas. C'était déjà l'opinion de Wlassak. *Z. S. S.* 33.94 n. 1. (1). C'est également l'avis de M. Lévy (*op. cit.* 64).

Si l'action principale civile est intentée d'abord, l'obligation est éteinte, parce que la *formula in ius concepta* déduit l'obligation en justice. Gaius III.180 ; par suite, la disparition de l'obligation entraîne *ipso iure* l'absolution dans le procès qui serait intenté sur la base de l'action concurrente *in factum*.

Au contraire, si l'action de constitut est exercée avant l'action principale, l'obligation ne peut être éteinte : l'action de constitut ayant une *formula in factum* n'a pas d'*intentio* (1). Rien n'empêche dès lors d'essayer d'exercer l'action principale, et le juge saisi du procès ne pourra absoudre le débiteur que si l'*exceptio r. j. v. i. j. d.* a été insérée.

Le D. 13.5.18.3 est donc un texte tronqué : son

1. Cf. F. DE VISSCHER, *Les actions « in factum »*. N. R. H. 1925, p. 234 ; voir note 2, p. 100.

affirmation que le paiement seul éteignait l'obligation principale n'est peut-être qu'une assimilation du paiement à l'extinction *ipso iure*, par *litis contestatio* sur une formule *in ius concepta*.

CHAPITRE VI

L'ACTION · DE PECUNIA CONSTITUTA

1. Reconstitution de l'édit et de la formule. — **2**. La construction de Kappeyne v. d. Coppello et **3**. La *sponsio* nécessaire. — **4**. La formule *in factum*. — **5**. L'action est-elle reipersécutoire ou pénale.

1. Comment reconstituer l'édit et la formule de l'action de *pecunia constituta*.

M. Lenel, dans sa troisième édition de l'Edit perpétuel, n'a point modifié les reconstitutions données précédemment.

Les fragments du D. 13.5 nous ont livré des lambeaux de textes qui se rapportent soit à l'édit, soit à la formule.

Les seuls termes sûrs de l'édit du Préteur sont les suivants : « *Qui pecuniam debitam constituit* » au titre *de rebus creditis*.

M. Lenel propose pour le texte de l'édit :

« *qui pecuniam debitam constituit se soluturum eove nomine se satisfacturum esse, in eum iudicium dabo* » et ensuite, sur la base de Gaius IV.171 et 180, la clause de la *stipulatio* et de la *restipulatio dimidiae partis* : « *partisque dimidiae sponsionem et restipulationem facere permittam.* »

Quant à la formule elle-même, la reconstitution en est particulièrement épineuse du fait que quatre fragients semblent s'y rapporter et qu'ils présentent des désaccords graves surtout au point de vue grammatical. D. 13.5.16.2. (Ulpien. 27 ad Ed.).

ait praetor : « si appareat eum qui constituit neque solvere neque fecisse neque per actorem stetit, quo minus fieret, quod constitutum est. »

D. 13.5.16.4 (Ulp. 27 ad Ed.).

haec autem verba praetoris : « neque fecisse reum quod constituit. »

D. 13.5.18 pr. (*Ulp.* 27 ad Ed.).

item illa verba praetoris « neque per actorem stetisse. »
D. 13.5.18.1. (*Ulp.* 27 ad. Ed.).

Quod adicitur : « eamque pecuniam cum constituebatur debitam fuisse. »

D. 13.5.17. *Paul* 21 ad Ed.

illa verba « neque fecisset ».

L'examen critique des textes nous amène à faire les remarques suivantes :

appareat : le subjonctif est inexplicable dans la formule elle-même : sans doute est-il introduit du fait que au D. 13.5.16.2 on commentait la formule, et M. Lenel énonce comme suit la phrase qui précédait l'allusion à la formule : *notandum est formulae verbis iudicem ita condemnari iuberi, si appareat...* Plus difficile à admettre est l'opinion de M. Beseler (*Beiträge* I. 80) d'après laquelle le § 2 de la loi 16 à notre titre serait l'énoncé des paroles du préteur dans l'édit.

eum qui constituit... cette construction sous forme d'incidente est peu probable dans la formule ; il devait y avoir l'énoncé même du fait du constitut contracté par *Numerius Negidius.*

Une autre difficulté réside dans les mots suivants :

neque solvere (présent de l'infinitif) *neque fecisse* (passé de l'infinitif) *neque per actorem stetit* (passé de l'indicatif).

Ce désaccord des temps a longtemps été pour les interprêtes du droit romain une *crux iuris*. Actuellement on est a peu près d'accord pour dire que le *per actorem stetit* doit se remplacer par : *per actorem stetisse*, tel que cela résulte du fragm. 18 pr.

Reste alors *neque solvere neque fecisse*. Lenel et Beseler suppriment le premier *neque* devant *solvere* : ils fournissent d'ailleurs cette explication plausible que le *neque* aurait été écrit par inadvertance, par attraction des deux autres *neque* qui figurent au fragm. 16.2. Le verbe *solvere* serait le complément de *constituit*.

Mais une autre interprétation est possible ; elle est donnée par M. Arangio Ruiz (*Genti e città*, p. 42) : à l'encontre du fragm. 16, § 2, le frg. 16 § 4, qui explique la formule énoncée au § 2, ne parle que de *neque fecisse.*

Il faudrait supprimer le *neque solvere : constituit* n'aurait alors pas de complément dans la phrase, mais il est à remarquer que le verbe se suffit à lui-même et que son complément n'aurait d'ailleurs pas été *solvere* mais *se soluturum*, à l'infinitif futur, ainsi que l'expression se rencontre à plusieurs reprises. M. Arangio Ruiz émet l'avis que le fragm. 16, § 2 a été remanié de manière à admettre, comme sous Justinien, le constitut de payer et celui de donner caution.

Il est probable que l'expression *fecisse* qui figurait seul dans la formule visait dans l'esprit du préteur le paiement. L'adjonction du *neque solvere* (dont la discordance de temps est un indice de remaniement) devait permettre de donner un sens nouveau au verbe *fecisse* qui pouvait alors désigner, d'après ce que nous savons, le fait de donner sûreté en caution.

Et nous ajouterons que cette manière de voir de M. Arangio Ruiz est confirmée par le fait que dans la formule il y avait après *fecisse, quod constituit* ainsi que le démontre le 13.5.16.4.

Beseler ajoute encore cette observation, peu importante en soi, qu'au lieu de *quo minus fieret quod constitutum est,* il y avait probablement, *quo minus id fieret,* le *quod constitutum est* étant une glose pour *id.*

De la formule elle-même le Digeste ne nous aurait donc conservé que : *neque fecisse quod constituit neque per Aulum Agerium stetisse quo minus fieret quod constitutum est eamque pecuniam cum constituebatur debitam fuisse.*

M. Lenel restitue le début de la formule comme suit : *Si paret N^m N^m A° A° sestertium decem milia constituisse se soluturum eove nomine se satisfacturum esse neque fecisse...* ; la *condemnatio* aurait été de *quanti ea res est...*

Nous avons exposé, plus haut, les raisons pour lesquelles nous nous refusons à croire que le constitut ait pu, lors de la rédaction de l'édit par Hadrien, servir à donner une caution ou une sûreté. Nous retranchons donc de la formule de Lenel l'énoncé de cette fonction, d'autant plus volontiers que rien, dans les textes relatifs à la formule, ne peut autoriser pareille manière de voir.

2. La formule de M. Lenel a trouvé des contradicteurs. Il faut citer surtout, pour son caractère d'originalité, Kappeync v. d. Coppello (*Abhandlungen*).

Frappé par le fait que le constitut à l'égal de la *con-*

dictio portant sur une *pecunia certa* est muni d'une sponsio et d'une *restipulatio*, il a imaginé une théorie où cette *sponsio* aurait le premier rôle.

Le Préteur aurait obligé les deux parties à prononcer en sa présence les stipulations réciproques. Ces deux stipulations renouvelant la procédure antique du pari, servaient alors de pivot à la procédure de l'action du constitut. Le juge s'attache uniquement à ces stipulations qui sont la question préjudicielle et dont dépend à titre subsidiaire la dette principale objet du constitut. Théorie hasardeuse et qui ne trouve guère d'appui.

3. Il est vrai que tout l'intérêt de l'action *de pecunia constituta* réside dans la *stipulatio* et la *restipulatio*. Il est vrai également que le texte de Gaius (IV.170) vise une *stipulatio* et une *restipulatio* obligatoires, malgré le mot *permittitur*. En effet dans certains textes de Gaius lui-même, le mot *permittitur* se réfère à une disposition obligatoire. Ainsi, dans l'action d'injures, alors que Paul nous dit qu'il fallait désigner d'une façon précise « *quid iniuriae factum sit et taxationem* (*Mosaïcarum et Romanorum Collatio* 1.11.6.), malgré cela, nous trouvons dans Gaius III.224. *permittitur enim nobis a praetore ipsis iniuriam aestimare.*

D'autre part, il y a la définition que Gaius donne au IV.43. de la *condemnatio* : « *condemnatio est ea pars formulae qua iudici condemnandi absolvendi ve potestas permittitur* ». Et pourtant le juge ne pouvait qu'absoudre ou condamner. Cette alternative lui était seule ouverte : le juge avait mission de donner raison à l'un ou à l'autre des plaideurs (contrairement aux jugements qui seront rendus au Bas-Empire).

Un autre cas est celui de l'*adiudicatio* que Gaius définit au IV.142. *Adiudicatio est ea pars formulae qua
permittitur iudici rem alicui ex litigatoribus adiudicare.*
Le juge encore une fois, lié par la formule, doit faire
attribution de la chose indivise. C'est le mérite de Kappeyne v. d. Coppello d'avoir attiré l'attention sur le
caractère obligatoire de la *sponsio* malgré l'emploi du
verbe *permittere* (1), qui à première lecture semblerait
indiquer que la *sponsio* était une faculté. Mais quant au
fond son étude n'a aucune base dans les textes. L'auteur a dû puisque l'*actio certae creditae pecuniae* a
servi de modèle à l'action de constitut, admettre dans
la *condictio* le rôle prépondérant de la *sponsio*.

Comment concilier cette procédure de la *condictio* avec
ce que nous apprend Cicéron au *Pro Roscio* 6. § 11
(2), quand il nous dit que la formule de l'action *certae
creditae pecuniae* était le « *derectum, asperum, simplex* », *si
paret... dare oportere.* Le juge était mis devant la question de fond elle-même, sans aucun artifice de procédure. Kappeyne v. d. Coppello a puisé l'idée de sa
formule dans la procédure des interdits : c'était un
domaine tout différent destiné à régler des questions
de possession et tout intérimaires.

Une autre façon de construire la formule consiste
à englober dans la demande à la fois la somme principale et la *sponsio*. C'est la formule de Rudorff.

Nous ne pouvons croire cependant à ce système.

1. *Permittere* a en effet le sens de *committere* : cf. D. 3.3 :
de procur., 57 : *tutela permissa est* ; D. 46.7 : *iudic. solvi*, 3.5 ;
D. 26.1 : *de tutel*, 1 pr. : *in metallum dandi potestas eis permissa
est* ; D. 1.18, *de off. praes.* 6.8 ; D. 49.17 : *de castr. pecul.* 4.2 ;
D. 46.3 : *de solut.* 84.
2. F. DE VISSCHER, *La condictio*, p. 6-7.

En effet, il tend à considérer la *sponsio* sous un aspect qui n'est pas le sien : elle était double. Il y avait *sponsio* et *restipulatio*, et quel que fût le rôle pénal ou non de la *sponsio*, ce caractère de dualité mettait les deux plaideurs sur un pied d'égalité. Au contraire, admettre avec Rudorff que l'action portât à la fois et directement sur l'obligation principale et sur la *sponsio*, c'est mettre le défendeur dans la situation de payer en tous cas la *sponsio*. Or elle n'était due qu'au cas où le procès avait été soutenu à faux.

La formule de Rudorff ne rend donc pas compte du caractère de réciprocité des *sponsiones*.

4. Nous nous rallions à l'idée que la formule était une formule *in factum*.

La preuve en est dans cette structure spéciale des prémisses de l'action. Dans l'action *in ius*, l'*intentio* est l'affirmation du droit du demandeur ; cf. l'*actio certae creditae pecuniae* : *si paret N^m N^m A° A° sestertium decem milia dare oportere, iudex N^m N^m A° A° sestertium decem milia condemna si n. p. a.*

Dans les actions *in factum* c'est un exposé des faits qui sert d'*intentio*.

Or les tronçons de formule qui nous sont parvenus par le D. 13.5. nous présentent bien le constitut comme un fait, n'entraînant pas par lui-même *condemnatio*. A côté de la mention du constitut figure dans la formule le « *non solvere* ». C'est à raison de ce *non solvere* que le Préteur donne l'action de constitut (1) (2).

1. Cf. Czyhlarz, *Institutioner*, p. 463.
2. F. de Visscher, *Les actions « in factum ». N. R. H.*, 1925, p. 234. L'auteur y défend magistralement l'idée que les actions *in factum* n'ont pas d'*intentio* et que selon Gaius, IV, 46, le

L'action *in factum* avait par ailleurs des avantages propres : elle n'exposait pas à la *plus petitio*, elle pouvait parfois être exercée par un fils de famille.

Le texte qui accorde l'exercice des actions *in factum* aux fils de famille D. 44.7.13 Ulp. est général : *in factum actiones etiam filiifamilias possunt exercere.* Il se rapporte probablement selon Girard (*manuel 6 éd.,* p. 145, n 4.) aux actions de dépot et de commodat, où la formule *in ius* ne pouvait être rédigée qu'au nom du père de famille (D. 44.7.9 Julien). Nous croyons pouvoir ajouter à ces cas où l'action *in factum* appartient au fils de famille, le constitut sur la base du texte d'Ulpien. D. 13.5.7 pr. : *sed et si filiofamilias constituitur, valet constitutum.*

5. L'action *de pecunia constituta* était-elle pénale ou réipersécutoire ?

Grave problème auquel se rattache l'énoncé même de la *condemnatio* : était-elle une *condemnatio certa* ou bien portait-elle sur un *quanti ea res est* ?

L'hésitation vient d'abord de ce que l'on s'est demandé si une *condemnatio* égale au montant de la somme principale conférait quelque intérêt à l'action du constitut. Si l'on nie cet intérêt, il faudra admettre que la *condemnatio* devait être au *quanti ea res est.*

Remarquons que le constitut ne pouvait porter sur une somme plus forte que la somme primitivement

Préteur ne fait que juxtaposer la *condemnatio* aux prémisses de la formule, « sans qu'il y ait entre elles un lien logique et nécessaire comme au cas d'*intentio* dans la formule *in ius* ».

L'argumentation du savant professeur belge a été confirmée par Perozzi dans les *Mélanges Cornil*, II, 199 et ss. qui analyse le passage de Gaius, IV, 60.

due, que le constitut englobant des intérêts non dus par stipulation était nul pour ces intérêts (1).

Il me semble que ces règles restrictives du constitut n'autorisent guère une condamnation à plus que la somme principale. L'intérêt pour le créancier résulte d'ailleurs de la *sponsio*.

De plus l'action de constitut n'est qu'une copie de l'action civile *certae creditae pecuniae*, de la *condictio* dont le montant est certain, et qui n'a sanctionné que des rapports certains, au moins jusqu'au ii⁰ siècle de notre ère. Elle est la copie *in factum*, puisqu'aussi bien le droit lui-même n'est pas déduit en justice, mais seulement le fait du constitut et du non paiement.

Bruns, lui, a soutenu que si l'action *de pecunia constituta* était conçue avec une *condemnatio certa*, elle devenait inutile. Il faut, dit-il, que le juge évalue le dommage causé au créancier par le non paiement au terme convenu, qui est le terme du constitut.

Disons que l'intérêt peut exister en ce que l'action du constitut double l'action première, qu'il la reprend et peut de ce fait donner lieu à une prescription nouvelle, surtout si la première dette avait une origine délictuelle. Il y a en outre, répétons-le, l'intérêt dérivant de la *sponsio* qui était destinée à éviter les recours en justice pour faire statuer sur l'action du constitut. Si l'on était obligé de porter le litige devant le magistrat, les stipulations réciproques intervenaient, comme peine contre les *temere litigantes*.

Le fait d'avoir laissé aller les choses jusqu'en justice exposait à cette grave sanction.

1. D. 13.5.11.1, déjà cité.

Bruns ajoute que le D. 13.5.16.4 et le D. 13.5.18 pr. parlant de la date à laquelle il faut se placer pour apprécier l'action du constitut sont un argument en faveur de sa théorie. Selon lui, la date du paiement fixée par constitut avait une importance telle dans notre cas, que le débiteur qui avait négligé de payer devait être puni et que la seule façon de tenir compte de ce retard dans l'exécution était de condamner à plus que le montant de la dette principale.

Nous ne nions pas que la date ait eu une importance très grande dans le constitut.

Etant l'assurance donnée au créancier que la somme due serait disponible, le constitut précisait les conditions de paiement de la dette et entre autre la date. Le débiteur qui ne payait pas, après cette demande du créancier à laquelle il avait répondu, était en faute. Il ne pouvait plus, une fois qu'il avait laissé passer l'échéance, échapper à l'action de constitut en offrant simplement le montant de la dette, sans l'augmentation constituée par la *sponsio*. Le texte du D. 13.5.16.4 énonce cette conséquence du constitut.

Le fragm. 17 à notre titre (1) nous apprend que la date était susceptible de légères modifications, que si le changement de date proposé par le débiteur, était repoussé de façon maladroite par le créancier, on venait en aide au débiteur pour qu'il pût se libérer jusqu'à la *litis contestatio* de l'action intentée par le créancier ; ce qui pratiquement annulait le constitut.

Et la raison d'être de l'appui accordé au débiteur est exprimée de manière très nette : *ut illa verba « neque*

1. Nous formulons quelques réserves quant à l'expression : *iusta interpretatione*, dont l'authenticité nous paraît douteuse.

*fecisset » hoc significent, ut neque in diem in quem cons-
tituit fecerit neque postea.*

De là à dire, comme le veut Bruns que le juge avait
à tenir compte du retard et à condamner à plus que le
montant de la dette, il y a loin. L'action de *pecunia
constituta* avait été copiée sur le modèle de l'action
certae creditae pecuniae ; peut-on, à défaut d'arguments
de textes, décider qu'à l'encontre de celle-ci, elle aurait
été conçue de manière à donner au juge un large pouvoir d'appréciation ?

Le troisième argument de Bruns est le D.13.5.18.2 (1)
où Ulpien se demande quelle est la nature du constitut, et Bruns arguant du fameux *« quoniam grave
est fidem fallere »* remarque que le caractère pénal de
l'action doit venir à l'esprit.

Disons tout de suite que l'action de constitut visant
l'inexécution de l'obligation contractée peut emporter
l'idée de faute : la faute de n'avoir pas exécuté l'obligation, et sa conséquence se traduit par la *sponsio*,
l'inexécution ayant rendu nécessaire le recours au
magistrat. Il y a certainement manquement à la parole
donnée. Est-ce que ce manquement est bien d'origine
pénale ? Il convient d'être prudent, l'*actio certae creditae
pecuniae* elle aussi avait une *sponsio* (moins forte) ;
dira-t-on qu'elle est pénale ? Elle aussi visait à obtenir
le paiement, mais en alléguant un droit à ce paiement.

1. D. 13.5.18.2. Ulpien : *E re autem est hic subiungere,
utrum poenam contineat haec actio an rei persecutionem : et
magis est, ut etiam Marcellus putat, ut rei persecutio sit. Et magis
est*, est un critère d'interpolation relevé par GUARNERI-CITATI,
54 ; d'autre part, M. RICCOBONO, *Mél. Cornil*, II, 274, n. 1,
assimile les expressions *verius est, magis est, placuit, melius est,
aequius*, et les déclare introduites par des compilateurs.

La *fides* d'ailleurs était à la base de beaucoup d'actions civiles, telles principalement l'action de fiducie, l'action de société (Cf. *Cic. pro Roscio Com.* 6.16).

Le constitut avait primitivement pour objet rien que de l'argent. La condamnation au *quanti ea res est* convient peut-être mieux au constitut de choses fongibles, mais ce fut là une extension de la jurisprudence.

L'action de constitut était-elle vraiment pénale ? Bruns et M. Levy (1) admettent comme point de départ, comme axiome que toutes les actions *in factum* sont pénales.

C'est une affirmation, rien de plus. Et les affirmations aussi générales sont dangereuses, parce que facilement contredites : voyez l'action *iurisiurandi* ; l'action d'hypothèque, ou même les actions dérivant des *recepta*. M. Levy a toutefois fait remarquer très judicieusement que les Romains ont souvent employé les termes de « *poenam continet* » « *reipersecutionem continet* », et il y voit la preuve que les jurisconsultes quand ils se posaient la question de la pénalité s'attachaient non pas à la nature de l'action, mais à sa fonction (2).

Il tire une autre déduction du fait que certaines actions *in factum* ont été reprises, absorbées par le droit civil romain. L'action *in ius* est reipersécutoire dit-il. Dès lors il pose les équations suivantes :

contractum-pactum.

formula in ius concepta-formula in factum concepta.

Caractère réipersécutoire, caractère pénal.

Or, l'action *de pecunia constituta* à l'inverse des actions

1. Il est curieux de voir la façon dont M. Levy cherche à rapprocher G. IV, III, et la règle de Cassius chez Paul. D. 44.7.35.

2. Cf. aussi DE FRANCISCI, *Studi sopra le act. penale*, Milan, 1921, p. 10.

de commodat, de dépôt, n'a pas été haussée à la dignité d'action civile. Donc le caractère pénal de notre action s'en déduit avec plus de sûreté encore (1).

Mais si l'action *de pecunia constituta in factum* avait été certainement une action pénale, comment un doute se serait-il élevé chez les jurisconsultes romains ? Beaucoup d'actions *in factum* ont été pénales : une règle générale n'est cependant pas admissible ne fut-ce que parce que les actions *in factum* ont été données au fur et à mesure des besoins, et toujours pour répondre à une situation particulière. L'action de constitut n'était intervenue que comme accessoire d'un contrat qui portait sur une somme due. Le fait d'assurer le paiement et de ne pas exécuter peut emporter tout au plus, l'idée de faute contractuelle. Nous ne voyons pas trace, comme dans l'action de dépôt par exemple de défaut de restitution *dolo malo*.

Le débiteur avait promis, il n'a pas tenu sa promesse en omettant d'exécuter.

Sans doute notre texte contient les expressions *rei persecutionem continet*, ou *poenam continet*. C'est la fonction pénale ou réipersécutoire de l'action de constitut, qui est l'objet de la préoccupation des jurisconsultes. Cette fonction pénale plus spécialement peut s'expliquer par l'adjonction de la *sponsio* qui était une aggravation de la dette principale et qui viendrait s'ajouter à cette dette principale.

1. Nous croyons qu'il faut se méfier du mot « rezeption », employé par les romanistes allemands quand ils parlent d'une action qui fut d'abord *in factum*, puis plus tard *in ius*. Il n'y a pas de passage d'une formule à une autre ; l'une est l'œuvre du préteur, l'autre celle des jurisconsultes ou des prudents. Ce sont deux disciplines différentes.

Nous ne pouvons pas conclure au caractère pénal de l'action *de pecunia constituta* avec le seul texte qui nous est parvenu.

M. Levy a consacré aussi des pages heureuses aux suites qui s'attachent au caractère pénal des obligations : noxalité, cumul et intransmissibilité passive aux héritiers. Il a fait ressortir que l'annalité n'est pas une conséquence nécessaire, intrinsèque du principe de la pénalité. Cf. D. 40.12. *de liberali causa* 22.6. Ulpien ou 44.7 *de obligationibus et actionibus* 35. Paul. « *haec actio post annum non datur cum sit honoraria, est autem et pœnalis.*

Nos textes ne parlent pas de l'annalité de l'action de constitut. Tout au plus savons-nous par la réforme de Justinien, que le constitut ne fut pas toujours annal. Encore un point qui reste obscur mais que nous ne pouvons résoudre faute d'éléments. D'ailleurs l'annalité peut très bien avoir existé sans avoir de rapports avec le caractère pénal de l'obligation. Et c'est déjà un point important que de pouvoir détacher cette question subsidiaire de l'analyse propre du constitut.

Quant à l'intransmissibilité passive contre les héritiers du débiteur constituant, nous n'avons non plus que l'affirmation de Justinien, que l'obligation désormais passerait aux héritiers, du côté passif comme du côté actif « *sed et heredibus et contra heredes competat* ».

Bruns admettant le caractère pénal du constitut explique sans peine cette intransmissibilité passive. Pour nous qui avons rejeté cette opinion, nous rattachons cette intransmissibilité au principe affirmé par Gaius, IV.172 : la *sponsio* ne passe pas contre les héritiers ; la promesse du constituant ne peut être à la charge des héritiers avec l'aggravation qu'elle comporte.

L'intransmissibilité a-t-elle duré jusqu'à Justinien ? Il ne semble pas, car la constitution 1 au Code 4.18. de l'empereur Gordien dit : *si pro alieno debito te soluturum constituisti, pecuniae constitutae actio non solum adversus te sed et adversus heredes tuos perpetuo competit.* Ce rescrit ne semble d'ailleurs pas introduire une réforme mais plutôt constater l'état du droit à son époque.

CHAPITRE VII

L'ACTION DE PECUNIA CONSTITUTA SOUS JUSTINIEN (1)

1. La constitution de 531. — **2.** La fusion avec le receptum. —
3. L'élargissement du constitut.

1. En 531, Justinien a consacré une réforme de
grande importance en notre matière. Il a en effet dans
la longue constitution qui se trouve au code 4.18.2
fusionné en une action désormais unique portant nom
de pecunia constituta, les actions anciennes dérivant
du *receptum* et de la *pecunia constituta*.

2. Cette fusion s'opéra pour des motifs mal connus,
encore que la constitution parlât de désuétude. Nous
savons que ce motif ne fut pas le vrai. M. Collinet a
établi que la véritable raison de la disparition du *recep-*

1. Les Sentences de Paul (2.2.) ne nous ont pas donné d'indication concernant une évolution qui se serait produite depuis
la période classique. La rubrique *de pecunia constituta* compor-
terait trois textes, dont deux sont repris au Dig. : 13.5.30
et 13.5.6. Le troisième énonce la possibilité d'un constitut
debiti alieni. Peut-être aussi que parmi les textes figurant sous
la rubrique *de rebus creditis et iureiurando* il en est un (2.1.5.)
qui se rapporterait au constitut (opinion de M. Schulz : *das
Ediktssystem in den Paulus Sentenzen. Z. S. S. S.* 47, p. 45-46.)
Il est vrai que comme l'a fait observer M. E. Levy au Congrès
d'Oslo, les sentences qui sont antérieures aux écoles de l'Orient,
ont cette tendance quant au fond comme à la forme, de sim-
plifier, tendance tout à l'opposé des procédés didactiques grecs.

tum est qu'il ne fut jamais pratiqué par les populations grecques de l'Empire. Elles avaient un équivalent grec et le *receptum* romain n'avait été qu'une copie de cette institution préexistante.

Quels étaient les traits caractéristiques du *receptum* ?

Le *receptum* était réservé aux banquiers, il pouvait porter sur toutes choses, les banquiers étant des manieurs d'argent et des commissionnaires d'exportation et d'importation.

Le *receptum* avait lieu « même si le banquier était à découvert » *cum secundum antiquam recepticiam actionem exigebatur et si quid non fuerat debitum.*

Enfin l'action du *receptum* n'était pas annale et se transmettait activement et passivement.

Nous omettons de mentionner que le *receptum* comportait des *solemnia verba.* Ces mots ont suscité de nombreuses controverses. Schlossmann soutient encore la théorie d'après laquelle le constitut serait une action civile, un contrat civil solennel.

M. Lenel par contre, défend l'idée d'un pacte prétorien et déclare que les *verba solemnia* auraient été les termes solennels requis dans le libelle qui transcrivait rigoureusement l'ancienne formule formaliste.

M. Collinet a démontré que les libelles ne contenaient pas de formules rigides mais énonçaient sans forme la prétention du demandeur. Le mot « *recipere* » seul aurait paru solennel aux habitants de l'Orient, « comme un terme purement romain en quelque manière quiritaire ». Le mot *recipere* devait d'ailleurs bien figurer dans le libelle puisqu'il désignait l'action (1).

1. Collinet, *Etudes historiques sur le droit de Justinien,* 1912, p. 285.

Par suite de la fusion l'action de constitut unique qui portait sur tout dette, était ouverte à toute personne et non pas à une catégorie (les banquiers), mais devenait perpétuelle et transmissible. Toutefois il reste une chose du constitut primitif, une chose sur laquelle Justinien insiste bien souvent « la nécessité d'une *pecunia debita* », cette *pecunia debita* pourra être une dette conditionnelle ou à terme. C. 4.18.2.1. (*cum*) *dubitaretur, si pro debito sub condicione vel in diem constituto eam possibile est fieri et si pura constituta pecunia contracta valeret, haec apertissima lege definimus ut... et liceat pro debito puro vel in diem vel condicionali constitui...*

Le rapprochement du *dies* et de la *condicio* est intéressant (1). Il est un des cas où les compilateurs ont exprimé la similitude ou l'équivalence systématique de ces deux modalités, et le résultat du travail dénué de science historique des collaborateurs de Justinien.

3. Comment expliquer cette fois non plus la disparition du *receptum* mais l'élargissement du cadre du constitut par suite de la fusion ?

Le constitut *debiti proprii* ne semble plus beaucoup en usage après la période classique. Ce n'est pas cette forme primitive du constitut qui servit de base à la réforme.

Y a-t-il une raison plausible qui rendrait compte du peu d'usage du constitut *debiti proprii* ?

On a souvent déclaré que la *sponsio* avait disparu et que par suite le constitut avait perdu une grande

1. Cf. Filippo Vassali, *Dies e conditio. B. I. D. R.* 27, 1914 p. 245

partie de son efficacité, en tant qu'assurance donnée au créancier par le débiteur lui-même que la somme était disponible.

Et on se base sur la grande réforme de la procédure *extra ordinem*. Les peines contre les plaideurs dits téméraires ont disparu. La justice est organisée par l'Etat. Elle est exercée par des fonctionnaires et a perdu sa gratuité en même temps que la sérénité que lui avait valu son caractère arbitral, la division en deux instances séparées sous la procédure formulaire.

Mais la disparition de la *sponsio* ne motive nullement la désuétude ou l'emploi très restreint du *constitutum debiti proprii*. Car l'action *certae creditae pecuniae* avait également une *sponsio* et elle persista néanmoins au Bas-Empire.

D'ailleurs la procédure extraordinaire était déjà en vigueur au temps de Paul et d'Ulpien, et ce sont précisément ces jurisconsultes qui commentent si minutieusement dans leurs ouvrages la procédure ancienne. Le fait est d'autant plus remarquable, qu'ils occupèrent des emplois administratifs très élevés et que comme tels ils furent mêlés à l'exercice de la justice (1).

La procédure formulaire se survécut à elle-même et dans la pratique du droit elle fut observée comme de nos jours en plein régime non formaliste nous usons des formulaires et des formules.

Le constitut de la dette sienne disparaît bien plutôt pour des raisons d'ordre économique.

La période du Bas-Empire connut en effet du point

1. Cf. P COLLINET, *Le rôle de la Doctrine et de la Pratique dans le développement du droit romain privé au Bas-Empire. N.R.H.*, 1928, p. 551.

de vue économique et social une régression très grande :
dépréciation de la monnaie au point qu'on en revient à
peser les espèces d'argent ou d'or avant de les accepter
en paiement ; retour au paiement en nature, et par suite
de la rareté de l'argent, transactions communales ren-
dues impossibles, d'autant qu'il vient s'ajouter l'insé-
curité des voies de communication.

Corrélativement se manifeste le retour à l'économie
urbaine et le recul de l'individualisme : une fois de plus
se rencontre l'influence des groupements, qui donne-
ront lieu plus tard au régime de la féodalité.

La situation économique si peu brillante entraînait
la ruine du système de crédit : le créancier, plus fort
que jamais, parce que le besoin de recourir à lui était
plus pressant, imposait sa volonté : dans ses rapports
avec le débiteur il se ménageait le plus de garanties
possibles. Aussi remarquons-nous à cette époque du
Bas-Empire le recours constant au cautionnement sous
les formes les plus variées.

Parmi celles-ci se trouva le constitut de la dette
d'autrui.

Les formes latines de garantie étaient par ailleurs plus
efficaces que la forme grecque : l'*adpromissio* (Mitteis :
Grundzüge 264. et ss. Beauchet, *Histoire du droit de la
république athénienne*, p. 473) réalisait cette particularité de donner deux débiteurs promettant « *idem* »,
tandis que le droit grec ne connaissait la garantie que
comme une promesse relative à l'exécution par le débiteur lui-même.

Les divers modes de garantie ont été fusionnés : constitut, *mandatum credendi* (1) *et adpromissio*, et la législa-

1. G. Bortolucci, *Il mandato di credito. B. I. D. R.*, 28, p. 239.

tion impériale a dû intervenir pour améliorer la situation des débiteurs auxquels les créanciers imposaient d'une façon trop rigoureuse des charges écrasantes.

La constitution au Code 4. 18.3, englobe les fidéjusseurs, les mandataires et ceux qui ont constitué la dette d'autrui, pour leur appliquer le bénéfice de division (année 531).

Divi Hadriani epistulam quae de periculo dividendo inter mandatores et fideiussores loquitur, locum habere et in his qui pecunias pro aliis constituunt necessarium est ; aequitatis enim ratio diversas species actionis excludere nullo modo debet.

La Novelle IV. (ch. 1) rendue en 539 a créé enfin le bénéfice de discussion, permettant au fidéjusseur, au *mandator pecuniae credendae* et au constituant de repousser les poursuites du créancier, tant que ce dernier n'a pas exercé ses droits sur le patrimoine du débiteur principal. Il est à remarquer que l'*Authenticum* traduit ἀντιφωνητής par *reus constitutae pecuniae* tandis que les éditeurs ont interprêté le mot grec comme étant l'équivalent du mot *sponsor* (1).

Une preuve de ce désir des créanciers de se procurer le plus de garanties possible nous est encore fournie par la nov. 99 et le D. 45.2.11 pr. (Papinien) concernant cette pratique tout à fait caractéristique de la *mutua fideiussio* : Cette fidéjussion réciproque aboutissait à ce résultat tout à fait favorable pour le créan-

---

1. Van Wetter, *Les Obligations en Droit romain*, t. I, p. 188 s'était erronément basé sur la traduction des auteurs lorsqu'il a fait observer que, contrairement au texte, le bénéfice de discussion était donné aux débiteurs constituant la dette d'autrui.

cier que, au cas de poursuites il n'était plus exposé au danger qu'il y aurait à poursuivre un débiteur solvable seulement en apparence et selon les signes extérieurs. Il poursuivait le débiteur pour sa part et les autres en qualité de caution.

C'est donc le constitut *debiti alieni* qui forma la base du constitut nouveau.

Mais le constitut devait sous Justinien connaître des honneurs auxquels seul il a pu prétendre : être élevé à la dignité de la stipulation. Celle-ci avait toujours été la forme de s'obliger propre au droit romain : la vie économique avait imposé peu à peu des modifications profondes dans son formalisme étroit. Une fois introduite la coutume de rédiger la stipulation, la souplesse des formes grecques écrites devait influer grandement. L'idée de *consensus* s'infiltra dans cette formule abstraite et aussi la notion de cause (Institutes, III.19.24. et les textes interpolés du D. 45.1. de *verborum obligationibus*. 26. Ulpien. 45.1.27. Papinien). Le formalisme s'était dégradé. L'*animus* dans la novation tendait à ne plus admettre le rôle mécanique purement fonctionnel de la période classique. *Ius gentium* et *ius civile* se rapprochaient : les exceptions prétoriennes aussi passaient désormais dans l'*officium iudicis*.

La stipulation devenait donc un contrat libre et consensuel. Avant elle le constitut avait utilisé ces principes, mais œuvre du Préteur, il avait été introduit pour un but déterminé : donner une garantie au créancier de la dette à terme : il devait s'enchâsser dans un contrat primitif. Au début il avait commencé par avoir pour objet le paiement d'une somme d'argent : puis la jurisprudence l'appliqua à tous les rapports obligatoires ayant pour objet des choses fongibles. Justinien, frappé par la ressemblance croissante de la stipulation dégradés dans ses formes et du constitut, supprima les dernières entraves du constitut : désormais plus de limitation de l'objet du constitut, le constitut est élevé au rang de la stipulation. C'est un point sur lequel Justinien revient à plusieurs reprises dans sa constitution de 531.

« *Quascumque res, quas in stipulationem possunt homines deducere... et sit pecunia constituta omnes casus complectens, qui et per stipulationem possint explicari... et non absimilem penitus stipulationi habeat dignitatem, suis tamen naturalibus privilegiis minime defraudata...*

Le constitut est élargi et vient prendre une place de premier plan dans les institutions juridiques sous Justinien. Il avait toujours eu pour objet, pour but, le paiement, il n'avait jamais été un contrat. La condition du *debitum* avait été le fondement requis pour introduire le pacte de constitut, il en serait aussi l'élément durable celui qui en ferait une institution juridique de portée générale. Et l'on peut se demander si ce n'est pas l'exemple du constitut qui a influé sur l'évolution de la stipulation. Son caractère libre, sa fonction de promesse de payer, sa notion de *debitum* étaient autant d'éléments destinés à la maintenir et à en faire un instrument de progrès.

La stipulation fut l'entrave à son essor, par son rigorisme et sa prépondérance en droit civil romain. Désormais les deux institutions devenaient voisines et Justinien frappé lui-même de ce que la réforme pouvait avoir de hardi, avertit les esprits chagrins de ne pas ergoter sur le nom même de l'action : *Et neminem*

— 117 —

moveat, quod sub nomine pecuniae etiam omnes res exigi definimus... Sed et possibile est omnes res in pecuniam converti... Sed ut et subtilitati corum satisfiat, qui non sensum, sed vana nominum vocabula amplecti desiderant.

Mais en même temps que le constitut était élevé au rang de la stipulation il devait comme par un paradoxe subir la concurrence de cette institution fondamentale du droit romain : la stipulation encore l'emporterait, parce que, même dégradée, elle conservait le prestige de son ancienne grandeur.

Le constitut en effet ne se rencontre plus que rarement : le mot ἀντιφώνησις ne figure pas dans les diverses versions de l'*Ecloga*, ainsi qu'on peut le constater par le glossaire de ces différentes versions, dressé par M. Freshfield à la suite de sa traduction de l'*Ecloga privata aucta* (Cambridge, 1927).

ἀντιφωνητής se trouve une seule fois, avec le sens général d'*intercessor* au chapitre du prêt et des garanties (ch. 16, § 20) du *Procheiros Nomos* (trad. Freshfield Cambridge, 1928, p. 159) (1).

Cette signification générale et imprécise est celle que nous avons relevée déjà lors de l'étude papyrologique, dans les papyrus de l'époque byzantine (2).

Le constitut ne sera mentionné que bien plus tard dans les décisions des marchands en Italie, principalement dans les décisions de la *rota* de Gênes : décision LXX, 3, ou encore *Discursus legalis de commercio.* Venise, 1740, I. *Disc.*, XL. pour servir de base à l'introduction

1. Nous devons cette indication à la bienveillante attention de M. le professeur Collinet.
2. Voir *supra*, p. 18.

de la lettre de change, et réaliser la clause à ordre. Toutefois, cette allusion au constitut est uniquement doctrinale, ainsi que cela résulte de la décision citée plus haut de la rote de Gênes, qui invoque l'avis autorisé de Balde (XIVe).

ERRATA

Page 9, note 1 :

> *lire* : C. ACCARIAS, *Précis de droit romain*, 3ᵉ éd., 1882, t. 2,
> p. 776, *au lieu de* : Accarias, t. 2, p. 776).

Page 10, note 2 :
> *lire* : Suétone, *au lieu de* : Suéton.

Page 12, note 3 :
> *lire* : Suétone, *au lieu de* : Suéton.

Page 13, ligne 12 :
> *lire* : iure, *au lieu de* : jure.

Page 13, ligne 15 :
> *lire* : iure, *au lieu de* : jure.

Page 19, ligne 13 :
> *lire* : ὁμολογῶ, *au lieu de* : ὅμόλογὼ ; *lire* : ἐγγυᾶσθαι, *au lieu de*
> ἔγγυᾶσθαι.

Page 19, ligne 16 :
> *lire* : ἐγγυωμενοῦ, *au lieu de* : ἔγγυωμενοῦ.

Page 25, ligne 5 :
> *lire* : Révillout, *au lieu de* : Révillont.

Page 25, ligne 15 :
> *lire* : Révillout, *au lieu de* : Révillont.

Page 25, note 2 :
> *lire* : Révillout, *au lieu de* : Révillont.

Page 26, note 2 :
> *lire* : que *l'hémiolion* fut vraiment l'augmentation de la moitié,
> cela résulte, *au lieu de* : Cela.

Page 30, note 3 :
> *au lieu de* : Pringsheim, Systematisches Ubersicht, p. 261, *lire* :
> Pringsheim : *Beryt* und *Bologna*. Festschrift für Otto Lenel,
> p. 267, où figure un relevé des introductions générales ci-
> tées au Digeste.

Page 39, ligne 5 :
> *lire* : dette, *au lieu de* : date.

Page 39, ligne 17 :
> *lire* : χειρόγραφα, *au lieu de* : χειρὸγρα.

Page 41, ligne 11 :
  lire : Quant à, *au lieu de* : Quand à.

Page 47, note 1, ligne 2 :
  lire : Wlassak, Die Klassische Prozessformel, *au lieu de* : Proressformel.

Page 55, note, in fine :
  Après MM. Collinet et Giffard, Précis de droit romain, *ajouter* :
  Dalloz, 1927, p. 105 et 106, nᵒˢ 214-215.

Page 57, note 1 :
  lire : Z. S. S. 43 (1922), p. 466 et ss. *au lieu de* : Z. S. S. 1926,
  p. 540 et s.

Page 63, ligne 7 :
  lire : Quelle, *au lieu de* : Quel.

Page 64, ligne 19 :
  lire : Paul D.13.5.22, *au lieu de* : Ulpien.

Page 76, ligne 7 :
  lire : 26.7.5 (éd. Heimbach), *au lieu de* : (ed Heimbach, 26.7).

Page 76, n. 2 :
  lire : διδόναι, *au lieu de* : διδοναι ; *lire* : χρεωστῶν, *au lieu de* :
  χρεωστων ; *lire* : Πέτρος, *au lieu de* : Πετρος.

Page 85, ligne 12 :
  lire : Basiliques, 26.7.30, *au lieu de* : 26.7.

Page 95, ligne 15 :
  lire : D.13.5.17 (Paul 21 ad Ed), *au lieu de* : D.13.5.17. Paul
  21 ad Ed.

Page 99, n. 2 :
  lire : F. de Visscher : La condictio et le système de la procédure
  formulaire. Gand, 1923, p. 67, *au lieu de* : F. de Visscher,
  La conditio, p. 6-7.

Page 113, ligne 5.
  lire : transactions commerciales, *au lieu de* : communales.

Page 114, ligne 19 :
  lire : ἀντιφωνητής, *au lieu de* : ἀντίφωνητής.

Page 117, ligne 18 :
  lire : ἀντιφωνητής, *au lieu de* : ἀντιφωνητής.

Page 121, ligne 9 :
  lire : ἀντιφωνεῖν, *au lieu de* : ἀντιφωνειν .

BIBLIOGRAPHIE SPÉCIALE

Bonnecarrère (P.). — L'action « pecuniae constitutae ».
    Thèse Lyon, 1896.
Bruns. — Kleinere Schriften, I, 221 et ss.
Contat (P.). — Du pacte de constitut. Thèse Paris, 1890.
Coulon (H.). — Du constitut « debiti alieni ». Thèse Poitiers,
    1889.
Crapelet (H.). — Du constitutum alieni debiti. Thèse Dijon,
    1888.
Déjardin (J.). — L'action « pecuniae constituae » principa-
    lement dans ses rapports avec l'action certae creditae
    pecuniae. Thèse Paris, 1914.
Guigné (M.). — Du pacte de constitut. Paris, 1888.
Haranger (F.). — Du pacte de constitut en droit romain,
    1880 (Pichon).
Kappeyne (v. d.) Coppello. — Abhandlungen herausgegeben
    von Conrat, 200 et ss.
Karlowa. — Römische Rechtsgeschichte, II, 1371 et ss. Leip-
    zig. 1901.
Lenel. — Das Edictum perpetuum, 3º édition. Leipzig, 1927.
Monnier (H.) et Platon (G.). — La « meditatio de nudis pac-
    tis » (Extrait de la N. R. H., 1913-1914).
Platon (G.) (G. Paturini). — Pactes et contrats en droit ro-
    main et byzantin (Extrait de la *Revue générale du
    Droit*, t. 37, 38, 39, 40).
Valéry. — Histoire du pacte de constitut. Thèse Montpellier,
    1889.
Windscheid-Kipp. — Windscheid B. Lehrbuch der Pandek-
    tenrechts (7º éd.) bearbeitet v. Th. Kipp., II, § 248.

BIBLIOGRAPHIE GÉNÉRALE

ARANGIO-RUIZ (V.). — Corso di istitutioni di diritto romano.

BERTOLINI (G.). — Appunti didattici di diritto romano.

BONFANTE (P.). — Histoire du droit romain (trad. Jean Carrère et François Fournier, 1928).

BUCKLAND (W. W.). — A manual of roman private law. Cambridge, 1926.

CUQ (E.). — Manuel des institutions juridiques des Romains, 3e édit., 1928.

CZYHLARZ (von K.). — Lehrbuch der Institutionen, 18e éd revue par M. San Nicolo. Vienne, 1924.

ENDEMANN (F.). — Römisches Privatrecht. Berlin, 1925.

FRANCISCI (de P.). — Storia del diritto romano, 1926.

GIRARD P. F.). — Manuel élémentaire de droit romain, 6e éd.

HYMANS (P.). — Romeinsch Verbintenissenrecht, 2e éd., Zwolle, 1927.

JÖRS (P.). — Geschichte und System des Römischen Privatrechts. Berlin, 1927.

KUEBLER (B.). — Geschichte des römischen Rechts. Leipzig, 1925.

SOHM (R.). — Institutionen, revu par L. Mitteis et L. Wenger. Leipzig, 1924.

WENGER (L.). — Institutionen des römischen Zivilprosessrechts. Munich, 1925.

TABLE DES MATIÈRES

CHAPITRE V. — *Les applications du constitut.*

CHAPITRE VI. — *L'action de* pecunia constituta

CHAPITRE VII. — *L'action de* pecunia constituta
sous Justinien.

322. — Imp. Jouve et Cie, 15, rue Racine, Paris. — 5-29